OLIVIA JARAS

MUJER:
Descubre tu valor, obtén lo que vales

NEGOCIACIÓN SALARIAL PARA MUJERES

ISBN 978-0-9984134-2-6

e- 978-0-9984134-3-3

Para mi madre. Sólo espero poder criar a mis hijas tan fuertes y resilientes como tú.

A todas las mujeres que han fracasado y están dispuestas a volver a arriesgarse – que el mundo se rinda a sus pies.

Contents

Prefacio

Si compraste este libro, probablemente te encuentres en una de las siguientes situaciones: o eres mujer o sabes que no estás siendo bien recompensada. Probablemente hayas escuchado que tus colegas hombres ganan más que tú o incluso puedes haber intentado pedir un aumento sólo para que te den la espalda y no obtener otra cosa más que animadversión o resentimiento por el sólo hecho de preguntar.

¿Adivina qué? Millones de nosotras ya pasamos por eso. Así que respira hondo y continúa leyendo.

¿Hay muchos libros dando vueltas por ahí que podrían ayudarte a aprender a negociar? Sí. Pero, ¿te ayudan a comprender lo que vales, el valor que tienes? No. Entonces, **¿cuál es el punto de negociar si no sabes qué es lo que está pidiendo?**

Además de empoderarte y brindarte apoyo, este libro te proporcionará los secretos más profundos para cuantificar tu valor en el mercado actual y herramientas para descubrir (y lograr obtener) tu valor. Bienvenida a tu asiento en primera fila del mundo de la remuneración y la fijación de salarios.

Pasé la mayor parte de la década estableciendo y fijando salarios y trabajando detrás de escena en el mundo de la remuneración, tanto para hombres como para mujeres. Rara vez observé que una mujer hablara en su nombre, pidiendo un ascenso o un aumento. Por lo general, si lo hacía, las inseguridades y la incertidumbre se llevaban lo mejor de ella, haciendo que se quedara rezagada en el punto de partida ante la primera señal que la hiciera retroceder. Si de alguna manera se las ingeniaba para abrirse camino, dejaría en su homólogo una amarga impresión que mancillaría las negociaciones futuras. Así es como millones de mujeres descubren que son sólo otra estadística. O han sido desechadas antes, evitando preguntar por miedo al rechazo, o les preguntaron tan agresivamente que empañaron sus posibilidades de negociaciones futuras.

Este libro trata los síntomas, discute la causa y, en última instancia, te brinda la tan necesitada medicina para que no sólo puedas defenderte por tus propios medios, sino también ayudar a pagar y alentar a otras mujeres para que sepan cuánto valen y sepan también cómo pedirlo.

Mi misión en este libro es empoderarte para que pases a la acción, enseñándote los secretos de la remuneración y el arte de la negociación basada en el género. Si dominas estos secretos, conocerás tu valor y también lo obtendrás. Así que continúa leyendo, amiga, porque no hay mejor momento que el ahora para estar informada, sentirte empoderada y obtener un aumento.

"Que existe una verdadera brecha salarial es algo indiscutible. Se puede discutir sobre lo grande que es, pero está más allá del punto principal. El punto es que cada mujer, cada muchacha, se merece que le paguen por lo que vale". —Sheryl Sandberg

Introducción

No pido igual salario para ninguna mujer excepto para aquellas que hacen un trabajo igual en valor. Desprecia ser mimada por tsus empleadores; hazles entender que estás a su servicio como trabajadora, no como mujer. — Susan B. Anthony

La perspectiva de género no es una excusa lo suficientemente buena como para no saber cuánto vales.

El tema de la desigualdad de género ha sido y permanecido como una parte desvergonzada y predominante de nuestra sociedad desde tiempos inmemoriales. Desde la Revolución Industrial, muchos han señalado la desigualdad de género en el lugar de trabajo, pero la verdad es que nos hemos estado subestimando y vendiendo mal durante mucho tiempo.

Tan sólo una mirada superficial y muy rápida a la historia romana te demostrará que, al comienzo de nuestro calendario, es decir, desde siempre, desde el año 0, se esperaba que las mujeres fueran amas de casa, que permanecieran castas y que no participaran en política ni se dedicaran a los mismos trabajos que los hombres. Si retrocedemos a la época de los cazadores, observaremos también que se esperaba que las mujeres se quedaran en casa criando a los niños y haciendo trabajos menos intimidatorios que los hombres para los hombres, al tiempo que los hombres salían de caza.

No hay nada de malo en tener un rol asignado culturalmente, después de todo, estas funciones han forjado el mundo maravilloso en el que vivimos hoy en día. Mi propósito con esta narrativa es demostrarte que, en una escala mundial, la desigualdad de género ha sido parte de nuestro patrimonio y realización cultural desde el comienzo de la historia. ¡Triste pero cierto!

Avanzamos unos pocos miles de años y todo ha cambiado... bueno, casi todo. Ingresamos en una época en la que, cada vez más, los gobiernos y las compañías intentan hacer que la equidad entre hombres y mujeres sea la norma, la "nueva" norma. Hay leyes que protegen a las mujeres contra la discriminación en el área laboral, en el acceso al empleo, y también en la sociedad. Muchos empleadores ofrecen horarios de trabajo flexibles y licencias o permisos prolongados contemplando y considerando a las madres trabajadoras. Aún así, todavía existe una brecha. ¿Por qué?

En nuestros días, alguien lo suficientemente altanero y soberbio como para aferrarse a la idea de que las mujeres somos seres limitados, incapaces de estar al mismo nivel que los hombres, seguramente afrontará una violenta arremetida de críticas y marginación social impensada cincuenta años atrás (piensa en la serie Madmen, por ejemplo).

Todavía no he conocido a ninguna mujer que no defienda ferozmente a su familia y a sus hijos, una negociadora despiadada firme y presente para sus seres queridos. Pero, pongámosla en el mundo de la negociación y la representación o defensa propia y, por lo general, se quedará corta, dimitirá, renunciará o se alejará de la oportunidad.

Repentinamente pasará de ser una defensora apasionada y feroz a una mosca retraída contra la pared que no se siente cómoda pidiendo y reclamando lo que realmente quiere y merece. En ningún lado eso es tan obvio como cuando se negocian los salarios.

Se han escrito cientos de libros sobre el tema de las negociaciones según el género y la desigualdad de género, pero todavía no hemos hecho mella en la brecha salarial entre hombres y mujeres, es decir, en la diferencia de remuneración entre ambos géneros. Desde la década del '70, las mujeres hemos estado oscilando alrededor del 70%... ¡y eso fue hace casi 50 años atrás! ¿POR QUÉ?

La mayoría de estos recursos son bien intencionados y tienen el propósito de empoderar a las mujeres, pero simplemente están mal informados en lo que respecta a cómo entender lo que vales. Como mujer, puedes leer toda la literatura del "empoderamiento", pero si no sientes confianza en ti misma respecto de la cifra que pides, te desinflarás instantáneamente cuando tu contrapeso en la negociación te haga retroceder. Conocer tu valor más allá de cualquier duda te permite abrirte camino a través de una negociación difícil y hacerlo de forma estratégica. Hasta ahora, ninguna de las personas que escriben estos libros han tomado en serio el componente "remuneración o compensación" de tu negociación. Hasta ahora, la mayoría de los libros que existen sobre tendencias en negociación tienen buena intención, pero no abordan el tema de lo que realmente vales. ¿Cuál es el sentido de inclinarse hacia la negociación si no sabes qué es lo que estás pidiendo?

Conocer tu valor de mercado no es tan simple como buscarlo en Google o preguntarle a alguien que tiene un trabajo parecido cuánto piensas que debes ganar. Esto no lo sabrás a menos que pertenezcas a la industria de la compensación económica y que tengas información privilegiada.

Eso es algo que sólo saben las personas encargadas de contratarte y establecer los salarios. La mayoría de las compañías tiene todo un equipo responsable de la remuneración, que hace el trabajo idóneo basado en las encuestas de investigación y las políticas de análisis de precios del mercado para llegar a elaborar lo que deberías ganar en relación con la posición descrita, su presupuesto, la equidad interna y el mercado.

Como madre de dos hijas, esposa de un veterano del ejército y chilena-americana orgullosa, puedo identificarme y dar cuenta de lo duro que luchan las mujeres por las amistades y la familia, aunque esto no quede reflejado en su temperamento tan pronto ponen un pie en la escalara profesional. Es un problema que padecemos todas las mujeres: somos increíbles negociando por los demás, pero no por nosotras mismas individualmente hablando/en lo individual. Las expectativas y la cultura profundamente arraigadas nos llevan a ser más protectoras y preocupadas de aspectos más bien comunitarios, pero nos olvidamos de nosotras mismas. Es difícil cambiar algo de lo que ni siquiera somos conscientes, por eso te propongo que trabajemos juntas.

Este problema es aún más grave para quienes formamos parte de grupos minoritarios. Como latina, me he sentado en primera fila para observar cómo las mujeres -y especialmente las minorías femeninas- quedan relegadas al furgón de cola del tren del salario. Eso no tiene que ver con que el empleador quiera o no pagar de manera equitativa, sino con que simplemente no sabemos o nos cuesta mucho creer que valemos y, por lo tanto, no reclamamos nuestro valor desde un principio.

Las compañías básicamente no buscan en Google cuánto debes ganar y dan por terminado el tema. Hacen sus investigaciones, al igual que tú deberías hacerlas. En este libro, desmitificaré el proceso de compensación, te daré las herramientas necesarias para valorarte a ti misma con precisión en el mercado actual y te ayudaré a desarrollar tu propia estrategia con el objetivo que puedas defenderte o negociar por todo lo que realmente vales.

En 2015, la Oficina de Censos de los Estados Unidos reportó que por cada dólar que ganan los trabajadores, blancos no hispanos -trabajando durante un año a tiempo completo-, las mujeres latinas sólo obtienen 55 centavos, las asiáticas americanas, 84 centavos y las mujeres no hispanas, 75 centavos.

Después de haber participado como una persona con información privilegiada (y desde adentro de las compañías) unos cuantos años, se hizo evidente para mí que las mujeres -en todos los niveles profesionales- necesitan ayuda a la hora de negociar.

Si no necesitas orientación sobre tu salario, entonces te aplaudo. Sin embargo, sí necesitamos de tu ayuda para asistir a otras mujeres. Ayúdanos a elevar a otras mujeres por encima de la brecha y a que empiecen a negociar por lo que verdaderamente valen. Comparte, inspira, transmite lo aprendido, haz una cadena de favores. Necesitamos tu ayuda para cerrar la brecha de cada mujer.

Esta es tu oportunidad de formar parte de un movimiento más amplio y de hacer que tu voz sea escuchada. Tómate un tiempo para instruirte, compartir tu historia, apoyar a tus amigas, colegas y familiares, alentarlas a que aprendan sobre su valor y lograr así que reciban el pago que merecen. Para obtener más herramientas y ayudar a las mujeres a negociar, visita www.salarycoaching.com.

Te invito a continuar leyendo, aprendiendo, escuchando, identificándote y, finalmente, a tomar la iniciativa y empezar a negociar por lo que vales.

Capítulo 2

RRHH, lo que sucede cuando alguien más establece tu valor

Recursos Humanos – La versión para adultos de la Oficina del Rector

*"Los recursos Humanos son muy similares a los recursos natu-
rales porque, a menudo, sólo se los encuentra enterrados en lo
más profundo. Debes ir tras ellos para encontrarlos porque no
habrá forma de hallarlos en la superficie"* – Ken Robinson

¿No te parece triste que Recursos Humanos tenga la reputa-
ción de un agujero negro lleno de burocracia? Aunque esa
no sea la intención de ningún departamento de Recursos Humanos,
así es como terminan siendo percibido desde afuera.

Desgraciadamente, la falta de transparencia y de responsabilidad presente en muchas organizaciones da como resultado un
departamento de Recursos Humanos ineficiente o deficiente.

En nuestro contexto, y para el propósito de este libro, no
necesitas estar informada de todas las ineficiencias de Recursos Humanos. Lo que en verdad necesitas saber es que, en la mayoría de las
medianas y grandes empresas, el personaje que te está contratando
ha enviado tu currículo al gran agujero negro que es "Recursos Hu-

manos" para que sean ellos quienes fijen un rango salarial que pueda ser aplicado a ti.

Esencialmente, esto significa que tu currículo será analizado a partir de cuatro perspectivas diferentes:

1. ¿Cómo se ajusta y compara tu experiencia con la descripción del puesto al que aplicas?

2. ¿Cómo encajas en el "mercado laboral"? ¿Hay mucha demanda para tus habilidades?

3. ¿Qué tan fácil sería encontrar a alguien con los mismos conocimientos y/o habilidades que tú? ¿Hay muchos candidatos disponibles?

Equidad interna: ¿Cuánto ganan los demás en el departamento? ¿Cómo se te compara en términos de valor monetario con ellos? En otras palabras- ¿Cuál será tu contribución a la empresa?

Como experta en compensación, he tenido la oportunidad de recomendar y fijar miles de salarios. Sin embargo, la mayoría de mis recomendaciones podrían haber sido más elevadas si los currículos hubieran reflejado mejor las capacidades de los candidatos para realizar el trabajo en cuestión. Es decir, si se hubieran centrado en los factores compensables en vez de resaltar habilidades poco relevantes.

Es importante destacar que no habrá dos personas o departamentos de Recursos Humanos que manejen la misma metodología a la hora de establecer tu salario, aunque sí puedo asegurarte que el proceso estándar irá más o menos en esta línea:

Asumiendo que la compañía en cuestión tiene un Departamento de Recursos Humanos. Aunque Recursos Humanos (RRHH) no esté involucrado en la redacción de la descripción del puesto o cargo, probablemente sí lo aprueben antes de que sea posteado y cualquiera pueda verlo. RRHH se asegurará de que la descripción del cargo siga los estándares de la compañía, de que los fondos para pagar el puesto recientemente creado estén disponibles, de que la posición se encuentre bajo las Normas Razonables de Trabajo y de que la descripción concuerde con el nombre y las necesidades del mismo.

La mayoría de las compañías pasan por un proceso de evaluación insoportablemente detallado en el que describen cada aspecto de la posición por dos muy buenas razones:

- *Quieren estar seguros que atraerán al tipo de candidato correcto.* Valdría la pena destacar aquí que el concepto de candidato ideal usualmente desaparece cuando los entrevistadores inician el proceso de entrevistas y no sólo eso; ellos se dan cuenta de que en realidad diferentes personas podrían ocupar el puesto.

- *Una vez que eres contratado para el trabajo*, la descripción es de lo que te mantendrás en contra cuando seas evaluado para recibir algún aumento o promoción. He aquí una historia que te servirá de ejemplo de lo que podría ser una advertencia:

Gina era Coordinadora de Beneficios en una compañía mediana. Empezó en un puesto bajo, ganando $37 mil al año. Durante los siguientes ocho meses progresó a tal punto que tenía a su cargo a dos pasantes y luego a otro empleado adicional de medio tiempo. Pasaron tres años y, recién en ese momento, Gina juntó el valor suficiente para solicitar un aumento que reflejara los cambios en sus responsabilidades.

Su jefe estuvo de acuerdo con que debían incrementar su salario en un 20%. Gina y su jefe inmediato hicieron los cambios necesarios en la descripción de su cargo y, cuando Gina destacó el hecho de que llevaba cumpliendo estas "nuevas" tareas más de dos años, su jefe le respondió que, por políticas de la compañía, sólo se le permitía pagarle de manera retroactiva los últimos seis meses de esas "nuevas tareas".

Por lo tanto, Gina no recibió el dinero que representaba casi dos años de trabajo ni cualquier otro aumento que pudiera haber sido agregado en la categoría de incremento anual relativo al costo de vida (alrededor del 3% anual de lo que corresponde a su salario básico). A pesar de no ser algo justo, la compañía está en todo su derecho a decir NO en esa oportunidad.

Volviendo al tema de cómo se fija un salario, ¿cómo se publica un trabajo en RRHH?

– Una vez que todos los aspectos han sido revisados, el puesto será aprobado para su publicación.

– Una vez publicado quedará como "búsqueda vigente". Por lo general, se publica en los sitios de búsqueda de empleo hasta que reúna un grupo considerable de solicitantes, a menos que un candidato muy deseable aparezca en medio de la búsqueda.

Lograr reunir un grupo de solicitantes o candidatos fuertes podría tomar meses, pero si el puesto es uno de esos que reciben muchas aplicaciones, el grupo se llenará rápidamente.

Si te encuentras con uno de esos anuncios de solicitud de empleo que dura un corto período (digamos unos 7 días), seguramente la compañía ya tenga a alguien en mente para esa posición y es probable haya publicado el aviso de solicitud de personal para cumplir con las leyes. En este tipo de publicaciones, el perfil de los candidatos difícilmente sea revisado o tomado en cuenta. Sin embargo, si tu currículum es excelente, todavía podrías contar con la posibilidad de ser llamada.

Supongamos que **la compañía no tiene un departamento de RRHH**. Si te postulas para un trabajo en una compañía de un emprendedor o en una pequeña empresa familiar, las posibilidades de que el departamento de RRHH sea informal o no exista son muy altas.

Mientras que algunos aseguran que no tener un departamento de RRHH le permite a la compañía hacer lo que quieran sin tener que seguir las directrices del mercado, esto puede llegar a convertirse en una ventaja para ti porque podrías acotar la brecha (o la ausencia total) de RRHH para la persona que te contrate.

¡PIÉNSALO! Es muy probable que la persona que te contrate cumpla otro rol en la compañía además de contratar personal, es decir que tiene que hacer y cumplir con su trabajo además de hacerlo con la función de RRHH.

Además, ellos también necesitan un espacio para respirar y descansar de la carga de trabajo. Si desde el inicio de la entrevista, la persona que te interroga te percibe como una solución para sus problemas, estás en el camino correcto para conseguir lo que quieres.

Conocimiento + Poder + Acción = Éxito

Recuerda: el conocimiento en sí mismo no es poder, lo que sí es poderoso es ¡la implementación de ese conocimiento!

Conocer a la compañía es fundamental, si estás informada sobre su funcionamiento podrás conseguir el puesto más fácilmente.

Cómo el estar informada puede hacer que obtengas el empleo

Becky buscaba la manera de volver al mercado de trabajo tras haber pasado los últimos tres años en casa, cuidando de sus hijos. Había estudiado para contadora y trabajaba en esa área para una compañía mediana que en un principio tenía dos oficinas y luego abrió una tercera. Eso hizo que manejar la contabilidad se tornara un poco complicado.

Mientras se encontraba en esa situación complicada por la carga de trabajo, apareció otra oportunidad para ella. El dueño de un restaurante que se encontraba en plena expansión de su negocio, con la apertura de dos locales nuevos, necesitaba de manera urgente a alguien que le ayudara con la contabilidad. Hasta ese momento, era su esposa la que lo ayudaba con el manejo de los libros, pero no tenía ninguna formación en el área y estaba preparada para dejar el trabajo en manos de alguien calificado que pudiera ocuparse a tiempo completo.

Durante la entrevista telefónica, Becky notó que la expansión resultaba algo maravilloso para el dueño, pero también algo angustiante: la contabilidad y el manejo de los libros de una operación como esa son estresantes, nunca había contratado a nadie para esa tarea y no sabía cuánto pagarle por su trabajo.

Becky se preparó para el segundo paso: la entrevista en persona. Visitó a otros dueños de restaurantes de la zona y recabó información acerca de cómo había sido el proceso de expansión en esos lugares y cómo eso había impactado en la labor de la persona que llevaba los libros.

También se puso en contacto con contadores de la industria de alimentos, les preguntó cuánto ganaban, cuál era su horario de trabajo y de qué tamaño era el lugar en el que estaban trabajando. En otras palabras, hizo una investigación para ella, pero también para el dueño del restaurante. Estaba bien informada.

Cuando llegó el turno de la entrevista en persona, Becky abordó las preocupaciones del angustiado dueño del restaurante y lo guio hasta solicitarle el salario y el horario flexible que ella quería. A cambio, le aseguró que su contabilidad estaría en excelentes manos. Casi no hace falta decir que obtuvo el trabajo.

Arma tu propia estrategia basada en tus conocimientos

Si te encuentras tratando con una empresa pequeña, no des nada por sentado. Es importante que SEPAS absolutamente todo para poder llenar los agujeros en la información, de forma que durante la entrevista sepas qué responder cuando se presente la oportunidad. Más adelante en este libro, aprenderás cómo utilizar el lenguaje corporal de tu entrevistador para determinar si desarrollaste o no cierta empatía con esa persona.

Investigar para entender la estructura de los departamentos de RRHH e incluso la razón por la cual el puesto en la compañía en la que estás empleada o buscando ser contratada, te ayudará a planificar mejor tu estrategia. Sentirás que puedes ver el bosque entre los árboles.

"Investigar es generar conocimiento nuevo" —
Neil Armstrong

Investigar sobre la compañía en la cual trabajas o sobre una nueva en la que pronto serás entrevistada, hará que te destaques entre todos los postulantes.

Si te tomas un tiempo para realizar una investigación básica, el conocimiento que obtengas te dará una ventaja competitiva y, en última instancia, te hará sentir lista y dispuesta a potenciarte.

Tomemos, por ejemplo, el caso de Megan. Ella se postuló a un puesto de atención al cliente que requería que contestara tanto llamadas telefónicas como correos electrónicos de forma muy cortés y educada. Megan investigó y descubrió que esa compañía había atravesado hacía poco tiempo atrás malos momentos relacionados con un producto alimenticio que vendía. Se vieron obligados a retirar del mercado un gran número de sus productos porque estaban contaminados con una bacteria dañina para la salud. Obviamente, vender productos que no estuvieran dentro de los estándares no había sido la intención de la compañía, pero en la industria alimenticia eso suele suceder. Inevitablemente, el incidente derivó en un aluvión de llamadas y correos electrónicos dirigidos al servicio de atención al cliente.

Esta era la razón por la que desde la empresa querían contratar a alguien para el puesto y Megan llegó armada con la información y muy bien preparada para la entrevista. Abordó a la persona de una manera en que pudiera transmitirle su preparación en caso de que una situación así sucediera de nuevo.

Esencialmente, Megan fue capaz de usar la información que tenía sobre el retiro de la mercadería para formular su estrategia, asegurando a cambio, que podían confiar en que ella encontraría una manera funcional y efectiva de mitigar cualquier clase de dificultad, además de ocuparse del trabajo diario en el servicio de atención al cliente.

Iniciemos el viaje hacia la elaboración de tu estrategia con unos consejos instructivos

Te sugiero tomar notas y prepararte de la manera más adecuada:

– Conocimiento. Elabora una lista de lo que sabes y de lo que no sabes acerca de la compañía. ¿Quién es el CEO o el dueño de la misma? Esta información es vital para entender la visión y la misión de la compañía. Como dato principal, esta gente es la responsable del establecimiento de una estrategia para la compañía y necesitas comprender esa estrategia para saber de qué manera podrías contribuir con ella.

– ¿Cuál es la estructura de RRHH? ¿Tienen una estructura o filosofía en materia de compensación? ¿Una estructura en cuanto a los salarios? Si es así, toma nota.

– ¿Cuál es el tamaño de la compañía? ¿Se trata de una corporación pequeña, mediana o grande? ¿Puedes averiguar cuáles son sus ganancias o el número de empleados que tiene?

– Échale un vistazo al "acerca de nosotros" en la página web de la compañía y lee su blog. Búscalos en Google también. ¿Han aparecido en las noticias recientemente? ¿Por qué?

– Redes sociales. Revisa todos los lugares y sitios a través de los que la compañía comparte información y acércate al tono y la manera en que comparten dicha información. Eso te brindará la perspectiva necesaria para entender el nivel cultural que se esfuerzan por alcanzar.

– LinkedIn. Revisa en esa red los perfiles de las personas que te entrevistarán y encuentra algún interés profesional común entre los dos. Puede ser que tus instintos hagan que no pinches en sus perfiles y evitar así que ellos sepan que los estás mirando, pero piénsalo desde otro ángulo: ellos deberían estar contentos de que visites sus perfiles y de que te informes antes de la entrevista. Eso demuestra que el puesto de trabajo te interesa lo suficiente como para haber hecho toda esa diligencia.

- Si ya trabajas en la compañía, involucra a tus colegas. Si te sientes cómoda, ¿por qué no preguntarle a un colega o a un amigo cosas como estas? ¿Cómo crees que me desenvuelvo en el ambiente de trabajo? ¿Crees que estoy en línea con la dirección hacia la que se dirige nuestra compañía? ¿Crees que represento bien la misión institucional? A veces, la perspectiva de alguien que está afuera te ayuda a tener más claridad. En última instancia, si sus respuestas no te ayudan con tu estrategia, al menos habrás establecido que te importa la compañía y que intentas, de manera consciente, estar en línea con ella. Recuerda que las palabras viajan muy rápido, especialmente cerca de la zona en la que los empleados se reúnen a tomar café.

- ¿Qué sabes del gerente o de la persona a la que potencialmente le reportarías? ¿Existen evaluaciones o alguna otra información que pudiera darte pistas acerca de la personalidad de esa persona? Si no tienes idea, no te preocupes, abordaremos la velocidad de leer a la gente en otros capítulos.

- Como seguramente surgirán otras preguntas, anótalas y asegúrate de tenerlas a mano para hacerlas cuando se presente la oportunidad. Serán una herramienta muy útil en la elaboración de tu estrategia, al mismo tiempo que trabajas con este libro.

– Finalmente, lee tus respuestas en voz alta. Escuchar tu voz forzará algunas respuestas y te ayudará a comprender cuán cerca has estado de encontrarle la vuelta a la respuesta o si has llegado verdaderamente cerca de la respuesta a tu pregunta.

Durante la investigación y una vez terminada la misma, probablemente te preguntes "¿Y ahora qué hago con toda esta información?" Toda la investigación que has hecho te permitirá presentarte de manera sólida para decir "Quiero trabajar en esta compañía" o "quiero un aumento porque…". Si no tuvieras esa información que te respalda al momento de negociar, cualquier caso que quieras construir se caerá por débil o porque solo se sostiene en emociones. Presentarse de manera temperamental y no factual en una entrevista hará que tus posibilidades caigan en picada.

Créeme, aun cuando no utilices esta información a lo largo de la conversación, la misma te ayudará a modelar una estrategia óptima para obtener resultados sorprendentes. Te ayudará a descubrir lo que ellos quieren de ti y a darle forma a tu estrategia y ponerla en palabras a la hora de "venderte".

Tener información precisa acerca de la compañía y el entorno en el que opera te permitirá crear un marco interno preciso dentro del cual podrás moverte dentro de tu negociación. Guarda estas anotaciones y respuestas en un lugar seguro porque son los elementos básicos que te ayudarán a armar tu estrategia.

"No te dejes intimidar por lo que no conoces. Esa puede ser
tu mayor fortaleza, la misma que te garantizará la capa-

cidad de hacer las cosas de manera diferente a los demás".
Sara Blakely (Fundadora de Spanx)

Momento de estadísticas

Curiosamente, los departamentos de RRHH emplean mayor cantidad de mujeres en comparación con cualquier otro sector laboral. Lo que genera debate en este punto es decidir si eso es algo positivo o negativo.

¿Queremos ser encasilladas? ¿Debemos estar agradecidas? Un estudio por la consultora Grant Thornton en el 2015 mostró:

– Más del 73% de los puestos jerárquicos en los departamentos de RRHH son ocupados por mujeres, aunque muchas de las decisiones se siguen tomando con mentalidad masculina.

– Más del 82% de todos los trabajos administrativos en los departamentos de RRHH son ocupados actualmente por mujeres.

– En otras áreas, en promedio, sólo el 18% de los puestos de liderazgo de negocios en toda América Latina están en manos de mujeres. En México están en un 23%, en Argentina en un 16% y en Brasil en un 15%.

Capítulo 3

Las cuatro situaciones o patrones más comunes:

Ejemplos de lo que pasa cuando no sabes cuánto vales y cómo solicitarlo.

"La vida no es un problema que debe ser resuelto, sino una realidad que debe ser experimentada". - Soren Kierkegaard

"Podemos ignorar la realidad, pero no podemos ignorar las consecuencias de ignorar la realidad". - Ayn Rand

Eran las 2 de la tarde de un día como cualquier otro. Me encontraba sentada en la oficina atendiendo la tercera llamada telefónica de una mujer angustiada, descontenta e insatisfecha con el monto que le pagaban (más bien, que no le pagaban) por su trabajo. Mientras la escuchaba -y recopilaba en mi cabeza todas las conversaciones anteriores-, me di cuenta de que estaba surgiendo un patrón. Resulta que en todas las historias y escenarios en los que había terminado involucrada, las mujeres habían acudido al Equipo de Orientadores de Salarios pidiendo ayuda. Y en todos esos casos, las mujeres parecían encajar dentro de cuatro situaciones o patrones comunes.

Esos cuatro patrones no tienen nada que ver con ningún entendimiento o descubrimiento innovador, más bien son experiencias de la vida real. Por eso estoy segura de que la mayoría de ustedes será capaz de analizar sus propias circunstancias y relacionarlas con alguno de estos cuatro patrones.

Tratemos de concentrarnos en que ninguno de estos patrones es negativo, porque, de hecho, hay mucho en ellos que resulta positivo. Si los aceptamos como la materialización de nuestra situación, como el comienzo de un viaje para forjar nuestra propia estrategia y darnos cuenta de lo mucho que valemos, aceptaremos de entrada esta situación y pasaremos automáticamente a estar en el camino correcto para la planificación de una estrategia propia que nos ayude a entender lo que valemos. ¡Esta experiencia debería ser liberadora y emocionante! ¡Vamos, aceptémosla!

Mientras comparto algunas de las historias personales de mis clientas y cómo sus situaciones encajan en los cuatro patrones comunes, te reto a que te sientas identificada con alguna de estas historias y te preguntes: "¿Cubro algún rol de liderazgo en alguno de estos Cuatro Patrones Comunes?"

Los Cuatro Patrones Comunes

1. No saber cuál es tu valor y estar mal informada o desinformada

"¡$125 mil al año no, deberían ser $300 mil!" Mi clienta no podía creer que ese era su valor de mercado. Como graduada de la universidad y con uno de los promedios más altos de su clase, Rosie estaba molesta y frustrada con lo que ganaba y fue entonces que se decidió a llamarme. Unos meses antes había descubierto que, los integrantes de su promoción de medicina, era a quien peor le pagaban.

Rosie no sabía su valor de mercado y no negociaba incluso siendo la mujer con mejores notas en su generación calificada para hacerlo. Tras descubrir que podía haber negociado, sintió que se había defraudado a sí misma.

Decidida a no volver a pasar por la misma situación de nuevo, cuando a Rosie le tocó postular para un nuevo trabajo, me llamó buscando ayuda. Tenía muy claro su objetivo para el próximo empleo: "Quiero estar segura de ganar al menos 125 mil dólares al año. Después de todo, soy una médica altamente capacitada y ese número parece ser lo correcto". Rosie creía que había realizado una ardua investigación en Internet y sentía que ese número era apropiado en base al cargo de oftalmóloga y la experiencia que ella traía a la mesa. Estaba entrevistando en varias consultas médicas privadas y tenía ya en mente el puesto y la consulta ideal para ella.

Siendo alguien que se toma las cifras monetarias muy en serio, cuestioné su búsqueda en Internet y llevé a cabo un detallado análisis de mercado en relación a la posición a la que ella se postulaba. Se volvió evidente que cada hospital al que quería aplicar no sólo era distinto en ubicación y tamaño, sino que también difería muchísimo en cuanto a los salarios.

// Un interludio importante aquí: La mayoría de las investigaciones que podemos hacer como individuos (incluso profundizando bastante) sigue siendo diferente de lo que hacemos en Salary Coaching for Women. Lo que probablemente muestre una investigación online superficial son datos reportados por los empleados (es decir, datos reportados por individuos que se han mantenido en el puesto de trabajo, en lugar de queismo haber sido la compañía contratista la que los haya aportado). Las empresas raramente optan por confiar en este tipo de datos, ya que existe un incentivo para que las personas falseen sus salarios al reportarlos. En su lugar, las empresas prefieren salvaguardar sus metodologías de compensación pagando a veces miles de dólares al año para acceder a las encuestas de salarios de la compañía (reportadas por otras empresas similares en la misma industria). Estos datos están altamente protegidos por la empresa de cálculos. Después de todo, es eso lo que mantiene a la empresa en el negocio. Por consiguiente, como individuos, no podemos contar con la veracidad de la información en una simple búsqueda online. En *Salary Coaching* compramos las mismas encuestas que las empresas para ayudar a nuestros clientes. Pero no te desanimes- Nuestra misión en Salary Coaching es cerrar la brecha salarial de género, aun cuando no puedas pagar por nuestros servicios. Continúa leyendo este libro para aprender a maximizar el poder de los datos disponibles gratuitamente: cómo y dónde buscar y cómo usarlos. //

Rosie necesitaba conocer su valor en lugar de enfocarse en el salario que quería obtener. Observando los datos recopilados y especificando la búsqueda a sus consultorios privados preferidos, aquellos en los que deseaba trabajar, pudimos descubrir que podía ganar 250 mil dólares al año. Ese era su valor de mercado. Rosie quedó perpleja, sobre todo después de recordar que al sugerir $125 mil pensó que sus aspiraciones eran altas.

"¿Cómo podría yo pedir semejante cifra?", preguntó Rosie. A lo que respondí: "Ese es el secreto. No tienes que hacerlo. Simplemente desvías sutilmente el tema cuando te pregunten cuánto quieres ganar. Cuando te pregunten cuáles son tus aspiraciones salariales, responderás diciendo: 'aprecio que me hagan esa pregunta. La verdad es que en este momento estoy en conversaciones con un par de lugares y siendo nueva en esto de las negociaciones, realmente apreciaría que me diera su opinión sobre cómo valoraría usted a alguien con mi experiencia y capacitación".

Todas las cartas habían sido arrojadas sobre la mesa. Rosie no lanzó al azar su cifra de $125 mil, sino que estableció una alianza de confianza en vez de pedir dinero y generar sentimientos antagónicos con el entrevistador. Lo que esperaba como respuesta era la confianza y la opinión de su entrevistador.

En la práctica privada conocían el mercado, entonces revisaron el puesto, las encuestas salariales y le otorgaron a Rosie un valor. Decidieron hacerle una oferta de 300 mil dolares al año. Rosie no podía creer el monto que le estaban ofreciendo y lo sencillo que había sido lograrlo. Además, eso significaba no volver a perder el tiempo en negociaciones o juegos mentales. Por fin conocía su valor de mercado, no tenía miedo de darle forma a una estrategia ni de seguirla hasta obtener lo que quería.

Esa misma semana, Rosie recibió una oferta de otra práctica privada. Como ya conocía su valor, decidió ir a negociar y usó la misma estrategia -generar confianza en vez de animosidad-, sólo que esa vez, cuando le preguntaron el salario al que aspiraba, ella dejó en claro que tenía una oferta por 300 mil dólares anuales. En esta nueva practica decidieron equiparar la oferta y ofrecerle, además, diez días adicionales de vacaciones al año.

Esta es una gran historia porque muestra que, gracias a la búsqueda realizada y al hecho de estar bien informada, Rosie fue capaz de encontrar su valor directamente de la mano de quien podría contratarla y utilizar esta información como una ventaja.

2. Miedo al rechazo

Sentada allí, mirando el reloj que la compañía le había regalado por sus 15 años de servicio, Abbie ponderaba acerca de la cantidad de años de servicio que le había prestado a la empresa. Fue entonces que despertó en ella una angustia interna que la hizo darse cuenta de que ese regalo simbólico era todo el reconocimiento que iba a obtener de la empresa. Un mero reloj. No un aumento de sueldo ni ser promovida de cargo. Abbie nunca se había quejado de estar mal pagada, o de sus largas horas de trabajo, por miedo a perder su trabajo. Por otra parte, había asumido que su lealtad sería recompensada algún día. Hoy, sin embargo, se daba cuenta de que necesitaba (y que se lo debía a sí misma) defender su carrera profesional o los próximos quince años serían exactamente iguales a los quince anteriores.

Abbie trabajó quince años como administradora de RRHH. Nunca recibió un ascenso o algún aumento significativo más allá del relativo al incremento anual indexado al costo de vida que la compañía les daba a todos sus empleados.

Hace quince años, su salario era de $34 mil, con un incremento mínimo relativo al incremento de "costo de vida" entre el 0 y 3% anual, lo que hizo que su salario llegara a ser de $46 mil en la actualidad. Su título no había cambiado. Con el correr de los años, se desarrolló y creció en su puesto, pero no lo había hecho su compensación. La compañía había triplicado su tamaño, la tecnología había evolucionado y ella había sido una herramienta fundamental para la implementación y el mantenimiento de los sistemas nuevos, pero lo único que había recibido por todo ese trabajo había sido un reloj.

Abbie había pasado todo ese tiempo esperando un reconocimiento o un aumento de sueldo que de alguna manera la convenciera de que valía la pena estar allí. Cada vez que le asignaban una responsabilidad nueva, se convencía de que sería una oportunidad para el aumento. Claro que -y lamentablemente- ese incremento nunca llegaba.

El simbólico reloj hizo que Abbie despertara y viera tanto la realidad como la decepción que había vivido durante tanto tiempo. Fue eso lo que la llevó a llamarnos y pedir ayuda. Hasta ese día, el miedo al rechazo había causado que reprimiera sus angustias y el anhelo de hablar con su empleador para pedir un alza. No sabía cómo pedirlo y temía las consecuencias de un posible rechazo. Ante la incertidumbre, Abbie prefirió seguir cumpliendo su labor aun cuando se sentía cada vez más desmotivada y frustrada.

Lo primero que hicimos en su caso fue revisar su puesto de trabajo. Tras haber trabajado durante quince años en una compañía en la que sistemáticamente le agregaban nuevas responsabilidades, yo estaba convencida de que la descripción de su puesto de trabajo original no tenía relación alguna con las tareas que realizaba en la actualidad para la compañía.

Resultó ser que su puesto de trabajo no tenía nada que ver con su puesto actual: las tareas habían cambiado un 90%. La cruda realidad dejó a Abbie estupefacta. Era responsable del manejo de la compensación dentro de la compañía, de lidiar con los asuntos de retenciones de los empleados y, como persona importante dentro del sector de RRHH, ¡tenía contacto con más de doscientos empleados! ¡Abbie ya no era administradora de RRHH, era básicamente quien dirigía el departamento de RRHH!

¿Cómo es que eso sucedió durante tanto tiempo? En esas circunstancias era evidente que la compañía no había llevado a cabo evaluaciones ni revisiones de los puestos de trabajo. Muchas compañías confían que sus empleados se mantendrán tranquilos hasta que algún día comunicarán sus necesidades, o confían en el hecho de que sus empleados no hablan por miedo a ser rechazados.

Después de revisar las funciones de su puesto de trabajo y desarrollar una nueva estrategia que incluyera todas las responsabilidades actuales, contactamos a otras compañías locales y les preguntamos cuánto estarían dispuestos a pagar por una persona que realizara el mismo trabajo. Además, chequeamos con ellos el sueldo que alguien como Abbie ganaría y les preguntamos, basados en la descripción del nuevo puesto de trabajo de Abbie, cuál debería ser el nombre o título del puesto. Cada compañía confirmó que Abbie era, sin ninguna duda, una Analista de Recursos Humanos Senior y que podría ganar un mínimo de $65 mil al año.

Como con la mayoría de las clientas con las que trabajamos, cuando aparecen los datos de mercado y se dan cuenta del salario que podrían y deberían obtener, el shock es tan grande que suelen sentir rabia y frustración por no haber actuado antes.

Una vez establecida la estrategia con la que Abbie abordaría a su empleador, se sintió confiada para dar el primer paso en su camino hacia obtener lo que merecía. Tener a disposición la información de mercado es una forma segura de aportar datos reales que no pueden ser ignorados. Abbie salió de la reunión con $65 mil… y un nuevo título: Jefa de RRHH. Una merecida recompensa por sus quince años de servicio fiel.

3. El dilema del impostor

"He escrito once libros y con cada uno de ellos he pensado:
'Oh sí, esta vez lo descubrirán. Engañé a todo el mundo y
ahora me descubrirán'". —Maya Angelou

No importa quién eres ni de dónde vienes, todos, a menudo, somos golpeados por la duda. Cuando se trata de nuestro lugar de trabajo, esa duda puede tener un efecto devastador y sabotear nuestra capacidad de avanzar y progresar.

Las mujeres parecen exhibir esa duda más a menudo que los hombres. En parte porque el ego masculino ayuda a los hombres a surfear sus vidas y sus carreras sin preocupación y sin sentir dudas de sí mismos. Hoy en día, los estudios del cerebro y la psicología han derribado la teoría de la "carta en blanco" en términos de género. Ahora sabemos que los cerebros de los hombres y de las mujeres son sutilmente diferentes y que esas diferencias (junto con las hormonas) tienen una poderosa influencia en la personalidad y el comportamiento. Esto no significa que los hombres no sufran a veces las mismas realidades que las mujeres y viceversa, pero hablando proporcionalmente, en el mundo de la negociación de salarios, la brecha entre hombres y mujeres se debe a la diferencia de género. Una de estas diferencias es la duda en nosotras mismas, la inseguridad que nos plaga. 1 [1 ¿Tienes curiosidad por saber si se trata de algo inculcado social o genéticamente? Entonces chequea "50 ideas del cerebro humano que necesitas conocer", de Moheb Costandi.].

Una interesante estadística que suele darse en USA (y probablemente en todo el mundo) es que cuando un hombre ve un anuncio u oferta de empleo, si siente que es capaz de llevar a cabo el 60% de los requisitos descritos se postulará con mucha confianza. Por el contrario, las mujeres sólo se postulan si sienten que cumplen con por lo menos el 90% de los requisitos detallados en la descripción del empleo.

Los efectos que esta duda en nosotras mismas puede generar dentro del ambiente familiar y en nuestra salud son altamente angustiantes. Las enfermedades cardíacas continúan siendo la causa de muerte número 1 entre las mujeres, en el mundo occidental. Numerosos estudios demuestran que el permanente estado de ansiedad y estrés que vivimos al intentar manejar nuestras carreras, nuestro hogar y nuestras dudas son factores que contribuyen enormemente a sufrir de alguna enfermedad coronaria. Las amas de casa no están exentas: la depresión y el estrés causado por el hecho de no recibir una compensación por el trabajo realizado (léase: cuidar la casa y los hijos) y el sentimiento negativo que eso genera juegan un rol importante en el incremento de enfermedades cardiovasculares.

El mismo estudio reveló que en el caso de los hombres con cargos de jefaturas de alto estrés, los niveles de estrés descendían drásticamente una vez fuera del trabajo, apenas pasadas las 5 de la tarde. Incluso al llegar a sus casas, esos niveles eran todavía más bajos y manejables.

Sin embargo, las mujeres en cargos iguales mostraron altos niveles de estrés inmutables aún después del horario de trabajo, en especial aquellas mujeres que debían ir a casa, cuidar de los niños, cocinar, limpiar, pensar y planificar las tareas del día siguiente. En algunos casos, los niveles de estrés incluso aumentaban. Esta situación de vivir sometidos a elevados niveles - estrés y ansiedad permanente hace que nuestros cuerpos sean vulnerables y proclives a padecer enfermedades cardíacas. ¡Se trata de una realidad alarmante del mundo moderno!

Veamos otro ejemplo que ilustrará perfectamente bien el dilema de los impostores:

Nancy trabajó en el mismo lugar durante veinte años. En ese período, su salario anual aumentó de $39 mil a $47 mil, y la descripción de su empleo apenas era reconocible dado que había cambiado demasiado. Nancy obtuvo muy pocos aumentos de sueldo y ningún tipo de ascenso. Entonces se dio cuenta de que eso no podía seguir así: la situación había colmado su paciencia y había llegado a odiar su trabajo. Algo tenía que cambiar: necesitaba ser reconocida y que le dieran el aumento de sueldo que sabía que merecía.

Cuando hablé con Nancy, lo primero que me dijo fue: "Odio mi trabajo. No recibo ningún tipo de reconocimiento". ¡Otro caso de una mujer desesperada por la manera en la que era tratada y que además permitía que la trataran así!

Realicé el proceso de análisis al igual que con el resto de mis clientas e interrogué a Nancy. Estaba claro que esencialmente lo que hacía era el trabajo de un abogado; su labor como asistente jurídico era manejar dinero de los donantes, lo que implicaba asegurarse de que los fondos fueran regulados y cumplieran con las regulaciones necesarias. El suyo era un trabajo muy específico: se suponía que debía preparar los documentos requeridos para que el abogado investigara y analizara, pero con los años, se convirtió en una experta en cumplimiento. El abogado se limitaba a firmar y rara vez se tomaba el tiempo necesario para revisar todo. Nancy se familiarizó con el vasto número de códigos de impuestos y regulaciones y sabía más que nadie en la organización.

Además del trabajo especializado, Nancy notó que muchos fondos no podían ser utilizados por una u otra razón (limitaciones legales o directivas obsoletas), y por ello se destacó como promotora en la implantación de un proceso legal que permitiera poder reubicar fondos que de otra forma no podrían ser utilizados. Su empleador no tenía un sistema adecuado para realizar esta labor, por lo que fue Nancy la que implementó el proceso íntegro. Ella le ahorró una suma de dinero muy grande a la organización y, además, recuperó el dinero que se había perdido en el sistema. Ese debía haber sido el trabajo de un abogado completamente calificado.

Aunque su declaración inicial cuando hablamos por primera vez fue que odiaba su trabajo, se hizo muy evidente que ella amaba su trabajo, pero era consciente de que nunca sería reconocida. Sabía que la esperaba una gran batalla. Por supuesto que había solicitado un aumento -de hecho, lo hizo en más de una oportunidad-, pero nunca lo obtuvo. Nancy se sentía -y la habían hecho sentir- como una impostora. Se cuestionaba a sí misma y no podía creer su valor. Se sentía descalificada y eso le generó dudas sobre sí misma. Nancy sentía que no tenía fuerza.

"Quizás esto sea todo lo que obtenga", me dijo. "Empecemos por el principio" le dije. "Encontremos tu valor. Si estás dispuesta a ser resiliente y canalizar tu enojo hacia un esfuerzo por buscar lo que mereces, podrás generar oportunidades". A partir de allí, empezamos a darle forma a su valor.

Contacté a más de diez empresas del mismo rubro. Sucedió que el sistema (y por lo tanto el puesto) que Nancy había creado no existía en empresas similares, por lo que podría beneficiarse a partir de él. Ese sistema creado por Nancy le permitiría a las compañías ahorrar dinero e incluso incrementar el monto del dinero recaudado proveniente de los donativos; en verdad era un sistema innovador. Al tiempo que se dio cuenta de la importancia de su rol en la empresa y de que era pionera en lo que había generado, también cayó en la cuenta de que no estaba confinada a sus circunstancias.

¿El resultado final? Nos llamaron desde muchas compañías diciendo que les encantaría crear un puesto de trabajo como ese, pero que no sabían cómo determinar su valor. Sin embargo, luego de haber revisado los beneficios que aportaría a la compañía, estarían preparados para pagar alrededor de $79 mil al año. Cuando una de las compañías se enteró de que Nancy efectivamente existía, le hicieron una oferta inmediata de ¡$90 mil al año!

En este ejemplo, Nancy finalmente descubrió que no era una impostora, sino que era su empleador el que nunca reconocería su valor. Por eso, cuando le tocó irse, se fue.

Como la historia de Nancy, el dilema de los impostores es un tema muy recurrente que pareciera plagar a las mujeres. Y tú, ¿te reconoces a ti misma en Nancy?

Un caso más

Cuando conocía a Leanne, ella era profesora de neurología, su contrato acababa de finalizar y la universidad para la cual trabajaba le había confirmado que no le sería renovado. Esta situación generó una inmensa duda en Leanne: tenía la impresión de que su contrato sería renovado gracias a su buena labor.

Ella había ingresado en el mercado laboral sintiéndose muy insegura respecto a cuáles serían sus posibilidades. Siempre había querido postularse a un puesto titular en alguna institución educativa, pero ahora sentía que su linaje había decaído debido a lo que interpretaba como un rechazo. Fue en ese preciso momento que decidió acudir a *Salary Coaching for Women* en busca de ayuda.

Trabajamos muy duro para cambiar su percepción mental acerca de cómo se veía a sí misma: como un fraude. A pesar de sus dudas, la ayudé a encontrar y a postular a otros puestos académicos hasta que encontramos el trabajo perfecto para ella. El temor más grande que tenía en ese momento era cómo responder a por qué su contrato no había sido renovado. Ensayamos esa pregunta al menos veinte veces y nos enfocamos en anclar su respuesta en las diferencias que había entre la búsqueda actual y las necesidades del departamento para el que había trabajado y su enfoque particular. En otras palabras, le quitamos el sentimiento de culpa e inseguridad a Leanne y lo colocamos donde correspondía- en el cambio de circunstancias en la Universidad.

Lo cómico de todo esto es que, durante el proceso de entrevistas con varias universidades, nunca le hicieron la tan temida pregunta y más aún, varias le ofrecieron permanencia en el cargo.

4. Negociación a partir de la ira y la emoción en vez del pensamiento racional

Todo empezó un martes por la mañana, cuando Rita llamó muy enojada. Lo hizo después de descubrir que su salario correspondía a la mitad de su valor: era de $110 mil al año, aunque su puesto de trabajo a pocos kilómetros de ahí no era menor a $230 mil.

// He aquí una breve aclaración: cuando estableces el precio de un puesto en el mercado, miras dónde está la persona en términos de eficiencia relativa al rol. Si alguien en un puesto tiene un amplio camino de aprendizaje por recorrer, es probable que su valor sea establecido en o por debajo del percentil 50 del mercado (aunque esto dependerá también de las políticas de la compañía). Por lo general, cuando el valor de alguien se establece en el percentil 50 del mercado, significa que esa persona es eficiente, y si empezara el trabajo hoy, realizaría una buena labor, aunque tardaría algunos meses en aprender la rutina. Alguien que no sólo haría una buena labor, sino que también sería capaz de establecer una dirección estratégica inmediatamente en su cargo, podría tener comandos por encima del percentil 75 en su relevancia en el mercado y en términos de salario. Hablaremos más sobre estas cifras en los capítulos que siguen. //

Rita sufría de un problema que muchas mujeres enfrentan: Comenzó a trabajar en la compañía en un cargo de menor relevancia en relación a su cargo actual. Por ende, a lo largo de los años, su sueldo subió en relación a su sueldo inicial, en vez de estar equiparado al mercado laboral. Armaba su estrategia al tiempo que era directora de su división, pero desafortunadamente le pagaban muy mal para haber empezado en la compañía como investigadora. A medida que la compañía crecía, sus funciones también aumentaban y eso no era reconocido en términos de salario. En algunas compañías ocurre, aunque no de manera intencional, que se le paga menos al talento interno que sube de rango que al talento recién adquirido.

Cuando Rita solicitó un aumento y el reconocimiento debido por el incremento de sus responsabilidades, desde la compañía respondieron que como su área era muy especializada y ellos eran una compañía nueva, requerían de los fondos del gobierno y por lo tanto no podían garantizarle el aumento.

Parte de su división incluía cierto trabajo relacionado con contratos del gobierno, aunque la división de Rita no estaba financiada por esos contratos. Desde RRHH dijeron que como no tenían garantizados los fondos provenientes del gobierno (aunque esto no impactara la división de Rita), no podían aumentarle el sueldo y tampoco tenían la obligación de hacerlo.

Lo que terminó de herir a Rita fue el comentario que hizo un compañero mientras estaban una mañana en la cafetería. El colega mencionó que había obtenido un bono del 10%, a lo que ella preguntó cuánto significaba eso económicamente y él detalló: se encontraba en un nivel directivo con responsabilidades que estaban a la altura de las de ella, incluyendo los proyectos gubernamentales divididos, y tenía un salario anual de $200 mil. Además, él estaba a punto de recibir otro aumento ese mismo año.

Rita estaba furiosa, lloraba, temblaba y sólo quería renunciar. En este momento, una amiga le aconsejó que me llamara antes de ir a RRHH. ¡Y afortunadamente, ella lo hizo!

Yo estaba al tanto de una encuesta de salario utilizada en su industria altamente especializada. Ese estudio era ampliamente aclamado y conocido por su información precisa y confiable. Al día de hoy, el estudio posee información extremadamente difícil de obtener como individuo, dado que sólo se vende a compañías "relevantes" (en otras palabras, los que realizaron la encuesta mantienen su contenido en secreto y sólo les dan acceso a participantes de la industria).

A través de mis numerosos contactos, fui capaz de obtener la información y preparamos su caso. También tuve el presentimiento de que con eso podríamos generar cierta movilización. Sugerí contactar a otras compañías pares en el mismo sector, al tiempo que realizábamos una reunión creativa en la que determinamos con quién le gustaría trabajar si pudiera elegir.

Por el sólo hecho de contactarse con otras empresas, Rita recibió ofertas de otras dos compañías. Nosotras simplemente contactamos a otras compañías y les explicamos que ella estaba buscando renegociar su puesto. ¿Cómo es el puesto que tiene ella en su compañía y cuánto estaría dispuesto a pagar por alguien como ella? Resultó muy claro, a partir de esa investigación y del estudio de salarios, que el valor de Rita estaba entre los $200 mil y los $250 mil al año.

Rita tomó la información y se la suministró a la persona a cargo, quien estaba desesperada por lograr retenerla en la empresa. Usando su impulso e información confiable, Rita solicitó $240 mil al año, además de relatar que quería trabajar desde su casa tres días a la semana. Su jefe tuvo que realizar ciertos trámites burocráticos hasta llevar la solicitud a RRHH, donde simplemente se negaron a negociar. Por suerte, Rita había aprendido y sabía cuál era su valor, así que estaba dispuesta a irse.

Se tomó su tiempo y pensó más allá de sus emociones. Al final, aceptó la oferta de otra compañía que le ofrecía un gran sueldo, en otra ciudad. Teniendo toda la información a su disposición, Rita pudo decidir si seguir en su camino actual, o tomar un rumbo distinto.

Este es un caso con el que suelo toparme muy a menudo. Por lo general, pasa que cuando descubres tu valor, cuando claramente puedes ver la diferencia entre lo que ganas y lo que deberías ganar, esa falta de confianza en ti misma que hacía que te reprimieras, desaparece. Varias clientas se cambian a compañías que terminan por ofrecerles mejores oportunidades que su rubro actual, aunque esa no fuera su primera intención.

Muchas mujeres no entienden que hay oportunidades ahí afuera, oportunidades que podrían no ser tan evidentes al principio, pero que pueden abrirles puertas. A veces resulta difícil ver a través de las dudas propias… pero si lo sigues intentando, eventualmente alcanzarás la puerta que te llevará a transformar tus aspiraciones en realidad. Mis clientas lo demuestran a diario: "donde hay voluntad, se encuentra la forma".

Tómate un tiempo para observar tu situación desde afuera, revisa tu estrategia y tus opciones. Contacta a otras compañías en las que estés interesada y diles: "¿puedo hablar con ustedes?" Pídeles consejos y su opinión sobre ti mismo como una empleada potencial. En este nivel, la clave es escuchar, digerir y hacer las preguntas apropiadas.

Preguntas para hacerte a ti misma

¿Cuánto piensas que vales?

¿Cuál ha sido el mayor fracaso de tu vida?

¿Cómo te recuperaste?

¿Cuál es tu rol en los triunfos?

Momento de estadísticas

"La brecha salarial de género persiste en Latinoamérica".

El titular pertenece al periódico *The Buenos Aires Herald* del 9 de marzo de 2016 y está relacionado con lo que advirtiera un día antes, durante las conmemoraciones por el Día Internacional de la Mujer, la Comisión Económica para América Latina y el Caribe (CEPAL).

Según un informe publicado por el Observatorio de Igualdad de Género, un organismo afiliado a las Naciones Unidas, los salarios comparativos de hombres y mujeres en América Latina continúan siendo notablemente diferentes, a pesar de los progresos en la escolarización femenina. Las mujeres ganan hasta un 25,6% menos que sus pares masculinos y, si bien los ingresos generales han mejorado significativamente en el último cuarto de siglo, todavía queda mucho por hacer.

Si bien las mayores brechas de género se dan en las áreas económicas y política -según el Foro Económico Mundial- y los países nórdicos siguen sirviendo como modelo, entre los latinoamericanos Bolivia y Nicaragua lograron obtener los mejores resultados a la hora de reducir esa brecha de género en la región en los últimos años.

Según datos publicados en octubre de 2016 por el Foro Económico Mundial, se necesitarán 170 años para cerrar la brecha económica de género en todo el mundo. ¿Podemos esperar 170 años para percibir el salario que nos merecemos?

Capítulo 4

Partamos por casa...

Espejito, espejito

"Aquel que hace una pregunta es tonto por cinco minutos, aquel que no la hace es tonto para siempre" - Proverbio chino

"Conocimiento es tener la respuesta correcta, inteligencia es hacer la pregunta correcta" - Quien sabe

Estás advertida: este capítulo hará que en tu cabeza se llene de preguntas ¡Pero de una buena manera!

Nuestras vidas están llenas de pequeñas preguntas. Desde las típicas "¿Qué ropa debo usar hoy?" "¿Qué debo desayunar?" "¿Qué camino debo tomar para llegar más rápido al trabajo?" "¿Qué llevo para el almuerzo?" Nuestro cerebro está constantemente disparando y tratando de responder a esas pequeñas preguntas, y es así como tomamos pequeñas o grandes decisiones. No es sorprendente entonces que nunca encontremos el tiempo o la oportunidad de sentarnos y hacernos esas preguntas fundamentales sobre nuestra vida o nuestra carrera profesional.

Cuando realmente piensas en tu carrera y en tus metas profesionales, la forma en que te miras a ti misma dentro de tu profesión puede sufrir un impacto súbito. De repente puedes preguntarte si se trata de la profesión adecuada para ti y eso también puede hacer que te des cuenta de que quieres enfocarte en trabajar menos horas para poder estar con tu familia o quizás te ayude a sentir que ya tienes todo el poder necesario para conocer tu valor e iniciar la elaboración de una estrategia propia para obtenerlo.

Si pudieras hacer algo que te apasione, cualquier cosa, ¿qué harías? Sin dudas es una gran pregunta. Y para ello no hay respuestas correctas o incorrectas, como tampoco debe haber expectativas. Escribe la respuesta a esta pregunta y guárdala. Sé sincera, en el papel puedes poner lo que quieras.

Sin embargo, si la pregunta fuera acerca de tus metas personales, tendría un significado muy diferente. En ese plano, las metas parecen más difíciles de alcanzar, son más intimidatorias y un poco más serias.

A la mayoría de nosotras nos preocupa lo que la sociedad piensa de nosotras. Queremos ser aceptadas, queremos gustarles a los demás y hasta ¡sentirnos parte de la multitud! Entonces, cuando nos hacemos a nosotras mismas la pregunta de cuáles son nuestras metas personales, a menudo respondemos con metas "socialmente aceptadas", vistas más bien desde una óptica social que desde nuestra propia mirada. Responder con sinceridad resultará muy incómodo porque no es algo a lo que estamos acostumbradas e incluso podemos sentirnos un poco egoístas.

Responder a la pregunta de "qué queremos" a menudo nos genera emociones negativas.

Muchas de las personas a las que ayudamos en *Salary Coaching for Women* se sienten de esta manera cuando les pedimos que respondan a la pregunta sobre los objetivos o metas personales. Asumen que la meta debe ser ganar mucho dinero, estar en un nivel más alto dentro de la compañía. Sin embargo, sus respuestas deben ser aún más egoístas que sólo pensar en el dinero y la posición, es hora de que cada uno piense en sí mismo y en lo que quiere para su carrera. Tal como debes hacerlo tú: pensar en ti misma y en qué quieres de tu carrera. Estos objetivos son tan personales que nadie podrá quitártelos una vez alcanzados. Estoy hablando de cumplir tus deseos más intrínsecos. ¿Quieres ser rica o quieres sentirte satisfecha con lo que haces? ¿Quieres estar en una posición de poder o prefieres ser sólo una apasionada por lo que haces? Descifrar lo que quieres puede terminar siendo un momento de catarsis crucial para tu carrera profesional y para tu vida entera.

Responder algunas de estas preguntas y seguir tus instintos te guiará hacia un futuro más feliz. Recuerda que eres responsable sólo de tus propios sentimientos y acciones, no te responsabilices por los de nadie más. Muchas veces terminamos tomando decisiones basadas en nuestras emociones y ansiedades, pero cuando busques muy profundo en tu interior y encuentres ahí, dentro tuyo, la respuesta a "¿qué quiero?" sabrás dónde estás parada y hacia dónde exactamente te quieres dirigir. Lo mejor de saber cuáles son tus metas es que NADIE PODRÁ QUITÁRTELAS.

El mundo tendrá que estar preparado para ti.

Consejos orientativos

Toma un bolígrafo y un papel para responder a las siguientes preguntas. Recuerda que no hay respuestas correctas o incorrectas. Asegúrate de apuntar exactamente lo que dicen tus instintos:

1. ¿Cuáles son las metas inmediatas en tu carrera?

2. ¿Cuál sería tu estilo de vida ideal?

3. ¿Qué es lo que amas de tu trabajo?

4. ¿Qué es lo que detestas de tu trabajo?

5. ¿En qué compañía te imaginas retirándote?

6. ¿Cuáles son tus pasatiempos?

7. Si pudieras hacer algo, cualquier actividad, y sentirte apasionada por hacerla, ¿cuál sería?

8. Ahora la más importante: ¿Cuáles son tus metas personales?

Este capítulo está hecho para prepararte mentalmente. Los capítulos que siguen te brindarán las habilidades, el conocimiento y la confianza para alcanzar lo que quieres en tu vida profesional y ser consciente de lo que vales.

Momento de estadísticas

Según el informe 2016 de satisfacción laboral, recientemente publicado por Gallup, el país latinoamericano con mayor cantidad de trabajadores felices es Panamá, donde el 37% de la población activa ama su trabajo. En la economía más grande de LATAM, Brasil, la cifra es del 27%, un número mejor que el de cualquier país europeo. Con un 12%, en el fondo de la tabla, se encuentra México, la peor satisfacción laboral de la región.

Capítulo 5

Obtén más dinero

"Cuando te des cuenta de lo que vales, dejarás de regalarte a la gente" - Alguien sabio

Responder las preguntas del capítulo cuatro te pondrá en el estado de ánimo indicado para poder continuar con tu viaje hacia el reconocimiento de lo que vales.

A menudo trabajamos en empleos en los que aceptamos lo que se nos paga sólo porque confiamos en que las personas que fijan nuestros salarios nos mantendrán en la cima de la compensación durante toda nuestra estadía en la organización. ¿Estás segura de que saben lo que dicta el mercado y de que se aseguran de remunerarnos de manera justa?

Bueno, eso es confiar demasiado en otras personas, personas que además se encuentran ahí para hacer dinero con nuestro trabajo. Después de todo, así son los negocios, ¿verdad?

Queremos y esperamos de nuestros superiores que sean proactivos a la hora de dirigirnos, que nos recompensen por nuestro trabajo duro y que nos asciendan cuando superamos sus expectativas. Pero, desafortunadamente, en la sociedad actual y particularmente en nuestros tan competitivos lugares de trabajo, este difícilmente sea el caso. Los directivos están tan sobrecargados con responsabilidades y con la presión de cumplir con los objetivos que apenas tienen tiempo para velar por sus propias carreras, mucho menos lo tendrán para cultivar las de los demás.

En el tornado cotidiano del trabajo y la presión, los gerentes suelen descubrir que tienen poco tiempo y recursos para gestionar la satisfacción de sus activos más importantes: sus empleados. Entonces tienes que tomar las riendas tú misma para asegurarte de obtener lo que mereces.

La paciencia es una virtud

Determinar tu valor es el primer paso para volverte más capaz, experta, estratégica y, por último, contar con la confianza y el poder suficiente para negociar el salario que mereces, basado únicamente en tus competencias y posición. Es similar a construir una base sólida para una casa. Estarás lista para elaborar tu estrategia y abordar a tu atareado jefe y pedirle ese aumento que mereces. Si conoces tu valor, te vuelves indestructible.

Empleada pero no empoderada

Como empleada, eres responsable de respetar las reglas de la organización y sus expectativas. Trabajas para un negocio, un negocio que existe para generar dinero y ser rentable.

¿Te encuentras en una posición donde disfrutas de tu rol, pero sientes que no te pagan lo que vales? O ¿Tienes un trabajo que has empezado a odiar debido a la gran carga horaria y las responsabilidades extra? ¿Sientes que se espera que "vayas más allá" pero no lo valoran?

Si alguno de estos escenarios te parece familiar, no estás sola.

"Las personas trabajan por dinero, pero buscan algo más allá: reconocimiento, elogios y recompensas." -Dale Carnegie

En 2014, un artículo basado en una fundada investigación de Jeff Fermin, publicado en www.officevibe.com, que listaba las "10 Estadísticas más impactantes sobre Empleados Desconectados" se volvió viral en todo el mundo porque remarcaba qué tan bajo es el compromiso del empleado hoy en día. Aquí van algunas estadísticas:

• El 75% de los trabajadores de América Latina no están comprometidos con su trabajo.

• El 89% de los empleadores piensan que los empleados dejan la empresa por razones de dinero, mientras que sólo el 12% de los empleados lo hacen realmente por dinero.

• El 75% de las personas que deja voluntariamente su trabajo no renuncia a su trabajo, sino que renuncia a sus jefes.

En busca del puesto perfecto

¿Cuál es el puesto perfecto para ti? Es una pregunta que a muchas de nosotras nos lleva años responder. Debes besar varios sapos antes de encontrar al príncipe azul, lo mismo pasa a nivel laboral, debes besar muchos sapos antes de encontrar el puesto que deseas y eso es algo normal.

Buscar el puesto correcto puede ser tan desmoralizante como tener un trabajo en el que no eres feliz. Salir de esa situación, pararte firme y enfrentar un potencial rechazo puede darte miedo, especialmente cuando vuelves al trabajo después de tener familia (lee el ejemplo de Danielle más adelante en este capítulo). Recuperar tu carrera puede parecer una batalla cuesta arriba y las dudas, junto con no conocer el mercado actual, pueden dejarte en la oscuridad. Debes continuar leyendo para saber cómo obtener el puesto que deseas con el salario que deseas.

> *"El secreto para el cambio está en concentrar toda tu energía, no en luchar contra lo viejo, sino en construir lo nuevo".* — Sócrates, en El camino del Guerrero Pacífico

Convirtiéndote en Sherlock Holmes

Aquí es donde te vuelves una detective para poder descubrir tu valor. Llegó el momento de darte otra oportunidad para revisar tu situación actual y dónde quieres llegar. Sigue estos puntos de acción para poder armar tu estrategia y poder así saber cuánto vales y cómo pedir ese valor.

• Investiga, investiga, investiga. Reunir evidencia será muy importante para estar segura de estar bien informada sobre tu puesto y tus competencias. El conocimiento fortalecerá tu estrategia de negociación.

El secreto que la mayoría de las personas no llegan a descubrir sobre las compensaciones - es que fijar un salario no es una ciencia exacta. La mayor parte es ¡arte! Es en el componente artístico donde siempre encontrarás espacio para negociar. Siempre y cuando te enseñes a ti misma cómo pedirlo, podrás aspirar más alto. Como dije antes, es cuestión de percepción. Y lo que esto significa para ti es que si puedes reunir argumentos convincentes y persuasivos sobre por qué deberías ganar lo que dices, podrás lograr que concuerden contigo.

• Contacta a alguien que trabaje en RRHH, llámalo de la nada o envíale un correo electrónico, preferiblemente a alguien del área de compensaciones de una empresa similar, y muéstrate extremadamente comunicativa. Pregúntale: "¿Cuánto le pagarías a alguien en este puesto?" Si eso te parece demasiado directo, dile: "Estoy haciendo una investigación personal sobre este tipo de puesto. ¿Puedes contarme más sobre este puesto dentro de tu compañía?"

Aun cuando no te dieran una respuesta directa, podrías conseguir información sobre el rango salarial o que te guíen acerca de cómo averiguar dicho rango. Probablemente también podrías encontrarlo en su página web. El peor de los casos sería que no te dieran ninguna información, lo que no difiere mucho de la situación en la que te encuentras ahora. En el mejor de los casos, lograrás que no sólo te den la información, sino que también te feliciten por tu solicitud y te digan que están interesados en contratarte si se genera una vacante para el puesto.

En la mayoría de los casos estarán contentos de poder compartir esa información. Si no lo están, pídeles que te guíen en la dirección correcta. Llama a la mayor cantidad de organizaciones que puedas y empieza a armar un panorama salarial. Aquí tienes un ejemplo de lo que yo diría en esa llamada:

"Hola, mi nombre es Olivia. Soy Asistente Administrativa en la Empresa XYZ y estoy tratando de conocer cuál es el valor de mercado para ese puesto, para poder negociar así un aumento con mi jefe. Sé que esta es una llamada poco común, pero ¿habría alguna posibilidad de que me dieran información que me ayude a descubrir mi valor?"

Si dicen que NO:

"Está bien, entiendo. ¿Es posible que me des un rango salarial para este tipo de puesto?"

Si dicen que NO:

"Está bien, entiendo. De manera más personal, como alguien que trabaja en RRHH/Compensaciones, ¿podrías darme algún consejo o guía sobre cómo puedo encontrar información apropiada respecto a cuál debería ser mi salario? Siento que en mi trabajo actual me pagan menos de lo que corresponde, por lo que estoy tratando de establecer mi valor. Mi salario actual es $45 mil. En verdad te agradezco mucho la ayuda o guía que puedas darme".

A todo el mundo le gusta pontificar y dar consejos. Siéntate y escucha todas las pistas que te den. Si en vez de llamar eliges enviarles un correo electrónico a las empresas, adjunta la descripción de tu puesto actual con todos los detalles, como si fuera un currículo. (No te preocupes, la sección sobre currículos viene enseguida).

• Investiga a la Compañía donde trabajas o aquella en la que quieres trabajar. ¿Cómo han remunerado a otros colegas anteriormente? ¿Cuál es la política de aumentos o incrementos salariales? ¿Con quién negociarás? ¿Qué tipo de presentación de evidencia prefieren? La empresa, ¿es conocida por ser burocrática o se trata de un ambiente más relajado? ¿Han aparecido en los medios recientemente? ¿Por qué? Tener una perspectiva respecto de la compañía hará que estés segura de entender completamente su postura de negociación.

• Conoce tu trabajo. Suena obvio, ¿verdad? Te sorprenderías al saber la cantidad de mujeres que vienen a verme con una descripción de su puesto que no tiene ninguna relación con el rol que están en realidad desempeñando. Y muy a menudo llegan cartas de presentación y currículos que de manera alguna reflejan las necesidades descritas para el puesto en cuestión. Si no sabes qué se espera de ti, ¿cómo puedes ser valorada?

• Haz un mapa de tus fortalezas. Piensa objetivamente, por un momento… ¿en qué eres mala? Listo, ahora que quitaste eso del camino, ¿qué te parece responder a la pregunta en qué eres buena? ¿Qué es lo que a los demás le gusta de ti?

Cuando nos hacen un cumplido, a menudo dicen: "tú siempre" o "eres conocida por", y nosotras no nos damos cuenta lo que estas palabras quieren decir en realidad:

"En las reuniones, siempre tienes las mejores ideas."

"Eres famosa por hacer siempre las mejores presentaciones de venta."

En realidad, estas frases nos hablan de nuestros logros, pero simplemente no las escuchamos.

La estrategia que necesitamos desarrollar con esto es: cuando te pregunten sobre tus debilidades, ¿por qué no armas un relato que te ayude a terminar hablando de tus fortalezas? Haz una lista con los comentarios que has escuchado, ¿hay algún patrón? A menudo, nuestros mejores atributos serán los más repetidos.

Conoce a Danielle, ¡una mamá con mucha fortaleza!

Danielle era la esposa de un militar y había pasado los últimos veinte años cuidando a sus cuatro niños y educándolos en el hogar. Pero cuando llegó el momento de que su marido se jubilara, tras 20 años de servicio, ella quiso reinsertarse en el mercado laboral. Sin embargo, volver después de tomarse una pausa tan larga era algo abrumador para ella, por lo que recurrió a mí, buscando ayuda.

Dado que mi marido también sirvió en la fuerza militar, he tenido la gran fortuna de ayudar a muchas esposas de militares a reinsertarse en el mundo laboral. Lo que descubrí es que para las esposas de militares en particular es muy difícil pensar su valor de mercado cuando intentan reintegrarse después de un largo paréntesis. Sin embargo, gran parte de esto es una cuestión de percepción: todo se reduce a cómo muestras y percibes tu experiencia. Si piensas que no puede agregarte valor, tienes razón, y si piensas que sí agrega valor, también tienes razón.

Pasamos algún tiempo revisando su currículo y puliendo su enorme cantidad de competencias, y destacamos las fortalezas desarrolladas durante los muchos años que se dedicó a educar a sus hijos en el hogar. Debía ser organizada, autosuficiente, saber manejar las expectativas de sus hijos en cuanto al aprendizaje, crear y administrar muchos cronogramas y ser una especialista en adelantarse a todos los problemas.

Danielle también tenía una impactante formación como voluntaria, que incluía estar involucrada con la Cruz Roja en un nivel alto, donde organizaba a los voluntarios en los sitios de desastres como el del Huracán Katrina.

Decidió postularse para un puesto de administración de equipo en una panadería regional y debido a que reinventamos su currículo para resaltar las cosas que había perfeccionado al enseñar a sus hijos y manejar un hogar mientras su esposo cumplía servicio, fue considerara la candidata ideal y obtuvo el puesto, incluso sin la experiencia tradicional de gestión de equipos que se obtiene en otros negocios.

En sus propias palabras

Si la historia de Danielle no convence a la parte negadora de tu cerebro de que puedes establecer tu valor y aprender a exigirlo, aquí está la carta de una clienta (¡que llegó acompañada por una decente botella de vino cosecha 2002!). Ella necesitaba averiguar qué se esperaba exactamente de ella en su puesto y, haciéndolo, descubrimos que podíamos usar esa información para negociar mejores horas y un aumento de sueldo. Nunca había negociado un salario antes.

Hola Oli,

La hora que pasamos hablando fue de mucha ayuda. Pude hacer que mi salario pasara de $85 a $95 mil, más una parte de las acciones. Además, obtuve más tiempo libre pago, lo que será de una gran ayuda para mí y mi familia. Hablar contigo puso mi propuesta en perspectiva y me permitió negociar con confianza.

Gracias por prestarme tus conocimientos. Ellos marcaron una gran diferencia en mi PRIMERA negociación salarial.

Espero que disfrutes el vino.

Jessica

Muy bien, Sherlock, vuelve a tu trabajo de detective. La próxima acción es muy importante.

• Escribe un currículo que arrase.

Tu currículo

Asegúrate de verificar todo lo que has aprendido sobre currículos. Estamos a punto de hacer estallar la sabiduría popular acerca de la preparación de currículos. Mi consejo viene desde un ángulo bastante diferente del que escucharás de reclutadores y asesores o consejero de carreras. Y esta es la razón por la que tienes que escuchar mi consejo: una de las razones por las que las personas en Estados Unidos y Latinoamérica me piden ayuda con sus currículos es porque han deseado (y he odiado) que sea la encargada de ponerles un precio a las personas cuando se las contrata. He pasado gran parte de la década poniendo precio a los currículos y a las personas, en representación de muchas empresas. He visto qué funciona y qué no. He sido la que estaba entre bastidores diciéndoles a los gerentes de contrataciones lo que deben y no deben pagarle a alguien. Y he aquí otro pequeño secreto sobre las compensaciones: la persona que decide el rango salarial muy probablemente no sea parte del proceso de entrevistas. Te juzgarán por el currículo y la carta de presentación (o sólo por el currículo) en relación a la descripción del puesto.

Al ser una persona que se basa en los datos, he llevado el registro de los patrones ganadores y también de los perdedores. Con eso he ganado elogios como el de ser considerada una de las más grandes expertas en currículos del país (por recruiter.com) y además tuve muchas oportunidades de compartir mis consejos en conferencias internacionales, universidades e incontables revistas, periódicos y artículos online (publicaciones actualizadas en www. salarycoaching.com).

Redactar un currículo es una manera saludable de mantenerte al día con la descripción de tu puesto y mantenerte entrenada en una habilidad con la cual la mayoría de las personas tiene problemas a la hora de perfeccionarla. Un currículo arrasador te ubicará en la cima. Los próximos pasos no tienen nada que ver con el formato o con qué tipo de papel deberías usar para imprimir tu currículo. Mi misión es ayudarte a maximizar el uso del contenido de manera que puedas alcanzar lo siguiente: a) que te coloquen en lo más alto de la lista, b) maximizar la oferta del salario potencial que recibirás.

Primera regla del currículo: no copies... pero ten en cuenta que la imitación es la forma más sincera de adulación. En tu currículo, usa palabras clave que pertenezcan a la descripción del puesto, pero no frases enteras.

Sin copiar el lenguaje exacto usado en la descripción del puesto, asegúrate de abordar todos los asuntos de la descripción. Por lo general, si la descripción del puesto ha sido bien analizada y pensada por la compañía, encontrarás que las responsabilidades que implica el puesto se listan en orden de importancia.

Si la primera responsabilidad en la lista es barrer, la función principal de ese trabajo seguramente sea barrer.

Si la última responsabilidad en la lista es limpiar, esa actividad será parte de tu trabajo, pero no será tan importante como barrer. Usa esta información de manera estratégica y arrasarás con tu currículum. Suena lógico, ¿verdad?

Segunda regla del currículo: Lee sus mentes y diles lo que quieren escuchar… Sé la solución para sus problemas.

Usa tu experiencia para poner a punto las cosas que la persona de contrataciones quiere escuchar. Si tienes experiencia en barrer y limpiar, asegúrate de mencionar estas responsabilidades en tu currículo de manera tal que el gerente de contrataciones diga: "Eso es exactamente lo que hacemos aquí", en vez de decir: "Esta persona sólo copió y pegó la descripción del puesto en su currículo". O peor: "Ni siquiera leyó la descripción del puesto".

Al final del día, ni todo el formato del mundo podrá salvarte de quedar en el fondo de la pila de currículos si no puedes agregarle valor al dilema que tiene la persona que te contratará (¡de ahí que estén contratando!).

Tercera regla del currículo: deja afuera el lenguaje enlatado.

"Fuerte ética de trabajo y competencias interpersonales. Excelentes competencias escritas, verbales e interpersonales. Organizado y eficiente. Efectivo como líder, excelentes competencias para organizar y motivar a la gente. Compromiso con la diversidad. Trabaja bien tanto en equipo como de forma independiente".

No puedo decirte la cantidad de veces que leí las mismas exactas palabras en miles de currículos. En este punto, ¡te hundes y te pierdes en la pila de incautos que dijeron lo mismo que tú!

Es importante que te des cuenta de que se supone que tu currículo refleja en papel la mejor versión de ti misma en relación al puesto para el cual estás siendo entrevistada. El lenguaje enlatado se lee inevitablemente como poco sincero. Probablemente hayas escuchado opiniones varias sobre los tiempos verbales, el lenguaje y el uso de la palabra "Yo" en el currículo. Nada de esto importa si no eres persuasiva y cautivante.

Esencialmente, a la hora de armar tu currículo, lo que realmente importa es qué marco le das a tu experiencia y qué resaltas. Necesitas resaltar los antecedentes que sean más relevantes para tu potencial empleador. Simplemente pregúntate "¿Cómo puedo agregarle valor a este trabajo?"

No estoy aquí para decirte cómo tiene que verse tu currículo. He definido el salario de -literalmente- MILES de currículos y puedo garantizarte que no hay un formato estándar que aumente las posibilidades de ser contratada. Hay estándares que puedes usar como guía en industrias específicas como IT, Salud, etcétera, pero en el fondo, el factor decisivo para saber si, al menos llegas a la etapa de asignación de salario, será si le caes bien al Gerente de Contrataciones.

Interludio estadístico: a tu entrevistador le llevará menos de 10 minutos saber si le gustas o no. Luego pasará el resto de la entrevista buscando maneras de corroborar su apreciación por "sí" o "no".

Así que dejaré en tus manos la decisión sobre qué plantilla, formato y tiempo verbal se ajusta mejor a tu currículo. Si has investigado correctamente, sabrás si debes ser formal o si puedes tener éxito siendo relajada. Una vez fijé el salario para un hombre que estaba desempleado e igual describió su "trabajo actual" de la siguiente manera:

Responsable de Gnomos de Jardín (2013-actualidad):

• Me siento en mi porche delantero y observo a mis enanos de jardín a diario, asegurándome de que no escapen.

• Si es necesario, corro tras ellos para asegurarme de que queden confinados a mi jardín.

• Cuando desaparecen artículos del hogar como controles remotos, teléfonos celulares o zapatos, los interrogo de inmediato y registro los alrededores.

• Proyecto en curso: en la actualidad, encabezo una sofisticada operación aguja en el cuarto de lavado para atrapar Enanos de Jardín que aparentemente disfrutan de robar medias sueltas.

No hace falta decir que este señor obtuvo el puesto simplemente porque le cayó bien al Gerente de Contrataciones.

Volvamos a tu currículo. En el fondo, los cuatro componentes básicos de tu currículo son (no necesariamente en el orden que sigue):

Resumen/Publicidad inicial, Experiencia, Competencias/ Habilidades y Educación. Cualquier otra sección adicional puede ser agradable, pero no es fundamental para ningún currículo en particular. Personalmente, me gusta ver una sección "Acerca de mí" al final, donde tu currículo pueda realmente cobrar vida y darme una mejor idea de quién eres, pero por favor, esto no es fundamental. Todo tiene que ver con el contenido, no con el formato.

Resumen/Publicidad inicial: Esta es la puerta de entrada a tu currículo. Úsala de manera de que subliminalmente puedas guiar al lector a querer contratarte. Así es como convences al portero para entrar en una fiesta. Sin una sección inicial clasificada, simplemente estás abrumando al lector con información sobre tu experiencia que no tiene ningún sentido. A nuestros cerebros no les gusta el caos, por lo tanto, tampoco les gustarás tú.

La manera ideal de pensarlo es como si esta sección inicial fuera un amigo cercano del Gerente de Contrataciones que está leyendo tu currículum. Este amigo le acaba de decir al Gerente de Contrataciones:

"En serio, necesitas conocer a esta mujer maravillosa, ¡es ideal para el trabajo! Puede hacer milagros. Es experta en administrar múltiples proyectos y cumplir con plazos ajustados. Sus competencias para la organización son impecables y es una excelente comunicadora, ¡tanto verbalmente como por escrito!"

¿Entiendes? Si tu currículo llega a ser leído, esta es la sección que inevitablemente leerán puesto que está al principio. ¡Hazla valer!

Experiencia: Aquí es donde se encuentra el dinero. Literalmente. Si hay lugar para negociar y cumples con las competencias y requerimientos necesarios para el puesto, es en esta sección donde se determinará principalmente el espectro salarial.

Es donde el Gerente de Contratación corroborará lo que su amigo le dijo sobre ti (podría ser una mujer, pero consideremos a un hombre por ahora). La clave es hacer que piense: "Vaya, esta muchacha realmente puede cubrir las necesidades del trabajo… y hasta quizás exceda nuestras expectativas".

¿Cómo te "vendes" en esta sección? Tan sólo copiando palabras clave (NO FRASES ENTERAS). Imita la descripción del puesto a través de tus experiencias. Juega a ser un camaleón con tus propias experiencias.

Supongamos que te has postulado para un puesto de Asistente Administrativa que colabora con dos directores y que nunca habías reportado a dos personas antes. Necesitan a alguien que haga magia con los cronogramas, las llamadas y mantenga a los dos directores organizados.

Digamos que en tu trabajo anterior eras asistente de un solo director, pero que la compañía era pequeña, por lo que debías cumplir (y cubrir) muchos roles. ¿Cómo puedes armar un relato alrededor de esta experiencia que exhiba momentos en los que lidiaste con prioridades competitivas, cumplir con un cronograma y mantenerte calma todo el tiempo?

Es más, ¿cómo podrías transmitir con tu experiencia que la persona a la cual reportabas estaba más que satisfecha con tu habilidad para hacer malabares? ¿Ves hacia dónde apuntamos con esto? Usa tus palabras con sabiduría para satisfacer al lector. Piensa qué es lo que quiere desde su punto de vista. Demuestra que puedes satisfacer sus necesidades porque puedes empatizar con ellos y cumplir sus necesidades de manera amable. ¡Véndete, mujer!

Competencias/Habilidades y Educación: Esta sección es bastante directa. Yo prefiero una lista de la educación antes que las competencias o habilidades, pero no existe una receta mágica. Esta sección sólo la mirarán por arriba, por lo que mi único consejo es que no gastes tu precioso espacio ni tiempo con competencias que no son relevantes. Enumera en orden de relevancia en relación a la descripción del puesto. Está muy bien que seas una socorrista certificada, pero si te postulas para un puesto de Ingeniera Mecánica, este no es el lugar para mencionarlo.

Una nota sobre la sección "Acerca de mí".

No puedo hablar por todos, pero al fijar los salarios, en lo personal, he disfrutado de verdad de leer esto al final de los currículos. En mi opinión, le dan vida al currículum y te muestran como un todo, hacen que recuerde tu nombre y que quiera conocerte. Puede ser una ráfaga de aire fresco luego de leer y analizar si estás a la altura o no del puesto.

Seamos honestas, no necesariamente debería sentir ganas de conocerte porque tienes una larga lista de competencias, un Doctorado o has estudiado en una universidad de primera categoría. Pero si compites en algún deporte o eres voluntaria en el hospital de niños disfrazada de Batman, te vuelves mucho más interesante. Pienso que esta sección como tu última oportunidad de atrapar al lector contando algo interesante sobre ti.

Aun cuando tus pasatiempos no sean viajar al espacio o bucear con tiburones, cuéntale al lector algo interesante. Dile que coleccionas estampillas, comparte un dato sobre eso, como que tienes diez mil de ellas o que la más antigua data de 1919. ¿Cuál es la más rara? Si te gusta salir a correr, cuéntale al lector por qué elegiste ese deporte, por qué te apasiona o cuánto recolectaste para la maratón de caridad del año pasado.

Tu sección "Acerca de mí" puede ser tu última oportunidad de impactar y asombrar al lector. ¡Te recomiendo que la incluyas!

Carta de presentación: una expresión personal y no un discurso de venta

Tu carta de presentación no debe ser una oportunidad para presumir sobre ti misma. Un error común en las cartas de presentación es caer en la trampa de hablar y repasar los puntos destacados en tu currículo. Este es un error grave.

¿Por qué malgastar palabras valiosas y tiempo repitiendo lo que ya has dicho? Te garantizo que la persona que lee lo notará y tu credibilidad y tu carta de presentación serán tiradas a la basura.

Siempre he sido una lectora ávida de las cartas de presentación, aun cuando no necesitas mirarlas para fijar un salario. Siempre me ha gustado ver cómo se expresan las personas en los dos o tres párrafos que tienen para mostrarse. Las cartas de presentación más exitosas, por lejos, son las que convencen al lector. Hacen que piense: "Claro que sí, ¡esta persona entiende perfectamente lo que estamos buscando!"

Así que, ¿cómo logras captar la atención del Gerente de Contrataciones, especialmente cuando ya ha leído una tonelada de cartas de presentación antes que la tuya?

Soluciona su problema. Disimuladamente, aborda las cuestiones que, como resultado de la vacante laboral, puedan estar sin resolver y anticipa los problemas que el Gerente de Contrataciones pueda llegar a tener como consecuencia de que este puesto no esté cubierto. Quieres que él o ella te perciba, no como alguien que pueda llenar un puesto, sino como alguien con quien pueden contar para resolver los problemas y que pueda desenvolverse como su mano derecha.

Básicamente, quieres que el lector lea tu carta hasta el final y piense: "Esta es una persona muy reflexiva; entiende perfectamente el entorno en el cual operamos y los problemas que prevemos tener".

Aquí tienes un ejemplo de una carta de presentación ganadora:

Querida Joanna,

Espero que estés bien.

Después de nuestra última conversación, he reflexionado seriamente y me di cuenta de que tal vez mi currículo necesitaba algunos ajustes para reflejar realmente mis habilidades y antecedentes relacionados con el rol que estás buscando contratar.

Adjunto una copia de mi currículo porque deseo que me tengas en cuenta para el puesto de Asistente del Director de Recaudación de Fondos. A pesar de que en los papeles mis antecedentes pueden parecer un poco fuera de lo convencional, las cartas de recomendación (que también se encuentran adjuntas) de una gran variedad de miembros de la comunidad, echan un poco de luz sobre la cantidad de conexiones que tengo con múltiples potenciales donantes. Estos lazos, que fueron construidos con años de confianza y amistad, serán un activo inmediato para maximizar las solicitudes de colaboración para los "Atlanta Athletics".

Sin dudas apenas he "arañado la superficie" como volunta-ria cuando les solicitaba a mis amigos alumnos que donaran fondos para la Fundación Atlanta Athletics y he tenido un éxito increíble al convencerlos de participar.

Como hemos discutido con anterioridad, tengo una habili-dad innata para, con rapidez, construir una buena relación de con-fianza con las personas. Ya sea con individuos o grupos (como los equipos de natación que entreno), poder empatizar y escuchar lo que las personas dicen es un don que tengo cuando se trata de hacer que los demás apoyen mis causas. Igualmente, sé que esto será in-valuable cuando se trate de solicitar grandes sumas de dinero para los "Atlanta Athletics".

Nuevamente quiero agradecerte por el incentivo, y si estás disponible, me gustaría tener una reunión contigo para discutir esta oportunidad y que me hagas comentarios sobre mi postulación.

Sinceramente,

Maggie

¿Has notado que esta carta no fue escrita para alguien que Maggie no conocía? Siempre debes intentar entablar una conversa-ción con el responsable de contrataciones antes de postularte. Re-visa la descripción del puesto y llama para hacer las preguntas que necesites, o por lo menos envía un correo electrónico con las pre-guntas antes de postularte.

Contactarte con la empresa antes de postularte no sólo te asegurará que la misma se ajusta a tus deseos, sino que hará que seas un postulante más codiciado si juegas bien tus cartas a la hora de hacer preguntas relevantes sobre el puesto. Es más, que reconozcan tu nombre también es un plus.

Es mucha información para asimilar y tener en cuenta a la hora de actualizar y reescribir tu currículo, pero vamos, ¡no se supone que sea fácil! Si cambiar verdaderamente tu mentalidad de la manera en que lo propone este capítulo fuera algo fácil de hacer, no habría ninguna estadística aterradora como las que vimos a lo largo de los últimos cuatro capítulos.

Sin embargo, continuar con los procesos simples listados arriba te ayudará y te dará las herramientas que necesitas para negociar, armar tu estrategia y empoderarte para avanzar en tu carrera.

Ya entendiste. Si necesitas motivación, sólo mira estas estadísticas...

Momento de estadísticas

Los sueldos de las mujeres según la ocupación – A continuación, se muestran las 5 diferencias más importantes en la brecha salarial salario por género y por carrera:

• Gerentes Financieros – Las mujeres ganan $30 mil MENOS al año.

• Consejeros de Crédito y Oficiales de Préstamos – Las mujeres ganan $28 mil MENOS al año.

• Agentes de venta de seguros – Las mujeres ganan $25 mil MENOS al año.

• Agentes inmobiliarios – Las mujeres ganan $23 mil ME-NOS al año.

• Profesores de estudios superiores – Las mujeres ganan $20 mil MENOS al año.

Esto es para el mismo trabajo, con las mismas responsabilidades y calificaciones.

Fuente: Oficina de Censos, 2015. Encuesta de la Comunidad Americana – Sueldos de Mujeres por ocupación. Salarios promedio, tiempo completo, trabajadores anuales en los últimos 12 meses por sexo y ocupación.

Capítulo 6

El secreto

¡Ssshhhh!

Te voy a divulgar un secreto de suma importancia en relación a tu sueldo: muy pocas personas tienen el lujo de entender realmente cómo su sueldo será calculado. Rara vez una compañía hará una búsqueda simple y gratis por internet para decidir cuánto pagarte. Por lo general, el proceso es mucho más rebuscado e involucra encuestas de salario, información de mercado relevante y los sueldos de otros dentro de la organización. La metodología exacta varía de compañía a compañía, pero el punto es que siempre tienen más acceso a la información que nosotros.

Dado que la compañía suele controlar más información, negociar sueldos suele ser una conversación desbalanceada que no favorece al individuo. Pero no tiene que ser así- puedes prepararte mejor para estar informada a la hora de negociar. Llegar a una negociación sin saber realmente lo que vales es como ir al supermercado con una lista de todos los ingredientes que necesitas para prepararle una maravillosa cena a tu familia. Llenas tu cesta con todos los ingredientes que hay en la lista. Te vas confiada, sabiendo que la cena saldrá tal como dice la receta. Bien, trata de ir de compras sin la lista y adivinando qué ingredientes necesitas para preparar la receta: probablemente la cena termine en el plato del perro y sin dudas te sentirás molesta- tus buenas intenciones no podrán ocultar el hecho de que no tienes los ingredientes apropiados.

Conocer tu verdadero valor es fundamental para obtener el sueldo que mereces. Pero más allá de eso, conocer y obtener tu valor es tu responsabilidad, una obligación para con las generaciones de niñas y mujeres que vienen detrás tuyo. Aunque las leyes de gobierno y regulaciones internas de las compañías deben ser parte de la solución en la cuestión de género, conocerte a ti misma y sentirte empoderada genera una diferencia todavía más potente.

Juega limpio y comparte

"Como individuo, probablemente compres muy pocos automóviles a lo largo de tu vida, pero las personas que te los vendan, probablemente han pasado por el proceso cientos de veces."

Aunque la metodología varía de compañía en compañía, tanto como de industria a industria; los principios básicos en el proceso de encontrar tu valor se rigen por los mismos dos pilares:

4. Accede todas las herramientas disponibles a tu favor para crear un fuerte, preciso y justificable rango de razones por las cuales mereces lo que dices. Esto es tanto para la negociación de tu salario básico como para la negociación de oportunidades de bonos.

5. Asegúrate de poder utilizar tu estrategia junto a este rango de razones para poder así negociar con confianza cuestiones específicas de tu situación personal.

Sudoku salarial

Los números rigen todos los aspectos de nuestras vidas: el precio de algo, cuántos filetes cocinar, cuántos chocolates comer. ¿Cuántos chocolates DIRÉ que comí? Qué presupuesto semanal destinar a la comida, tener ahorros suficientes para enviar a nuestros hijos a la universidad, etcétera. Los números y las cifras nos invaden todos los días y son mucho más importantes cuando se trata de nuestra salud financiera. Por lo mismo, permíteme establecer las pautas de hacia dónde nos dirigimos, empezando con los percentiles.

Percentil es un término ampliamente usado en el área de sueldos, y en vez de enredarte con definiciones crudas, déjame darte un ejemplo fácil y digerible:

- Una nota 78/90 en un examen ¿es lo suficientemente buena?

Llevas estudiando todo el mes y ahora tienes que presentarte a un examen de fin de semestre para obtener tu título. Estás feliz porque sacaste 78 sobre 90.

Todas las horas de estudio y estrés han dado sus frutos, ¿verdad?

Bueno, esa cifra no tiene un significado real a menos que sepas qué significa en relación con otras notas. Si todos los demás consiguieron un puntaje de 90 y la tuya es la calificación más baja del grupo, ese 78 podría no ser tan bueno. Pero, por otro lado, si con un 78 tienes la calificación más alta de la clase… ¡buen trabajo!

Si decimos que tu calificación está dentro del percentil 90, quiere decir que tu calificación es esta por sobre la del 90% de la gente que hizo el examen. ¿Entiendes? El percentil te indica dónde te encuentras teniendo en cuenta las variables de todas las demás personas.

Cuando se trata de tu salario y de tu valor, los percentiles se usan para hacer que la recompensa dependa de ti y tus cualificaciones en relación al mercado laboral. En los negocios, los percentiles dentro de los que te ubicarás están basados en los siguientes parámetros.

Las compañías tienden a liderar o a retrasar el mercado. En otras palabras, su filosofía de pago a empleados es mantenerse al día con lo más alto del mercado o jugar al mínimo empate con los salarios, según sea necesario.

En mi experiencia, las compañías que lideran el mercado tendrán más facilidad para retener a los mejores talentos. Compañías como Google tratan de pagar al 110% del precio de mercado. Otras compañías podrían no poder o no querer pagar por encima del percentil 25 (o tal vez porque hay una gran disponibilidad de candidatos para el trabajo). Mantén esto en mente cuando solicites empleo y evalúes la empresa en cuestión.

¿Cómo es que te asignarán a un percentil?

Percentil 10 a 25: Eres nueva o relativamente nueva en este tipo de cargo. Podrías tener aproximadamente un año o más de experiencia, sin embargo, para el puesto, estás en un nivel inicial.

Percentil 50: Tienes algunas competencias sólidas y podrías empezar a trabajar con plena capacidad desde el principio, aunque todavía tienes una curva de aprendizaje que seguir.

Percentil 75: Estás altamente calificada y puedes dominar este percentil. Podrías trabajar con plena capacidad desde el inicio con sólo una pequeña curva de aprendizaje por delante. Posiblemente puedas contribuir a la estrategia global de desarrollo debido a tu conocimiento y capacidades.

Percentil 100: Eres una estrella de rock. Tal vez debas considerar tomar el puesto del mismísimo jefe. No muchas compañías tienen la política de pagar a este nivel… aunque ya mencionamos que Google paga el 110%.

A pesar de que no necesitas definir por completo en qué percentil deberías encajar, necesitas entender dónde deberías caer en relación al puesto considerado.

En última instancia, necesitas *ser consciente* de que te asignarán a un lugar de la escala de porcentaje sobre la base de:

• La filosofía de pago de la empresa y su presupuesto.

• Qué tan calificada estás en relación al puesto en cuestión.

Entender esto será fundamental a la hora de sentarte a la mesa de negociación.

Trabajemos el empoderamiento

Muy bien, lleguemos al meollo del tema "tu valor" (o, mejor dicho, déjame compartir mis secretos contigo):

• Toma nota de tu salario anual actual.

• ¿Cuál fue tu salario final en la última empresa donde trabajaste?

• Haz una lista de las fechas de tus actualizaciones salariales y, si es que las hubo, anota por qué cifra fueron.

• Haz una lista de los bonos que recibiste y por cuánto, si los hubo.

• Anota si los bonos que recibiste fueron consecuencia de los resultados del trabajo en equipo, de las métricas establecidas o de tu propia capacidad para sobresalir en el trabajo.

Todo esto puede ser utilizado para hablar largo y tendido sobre tu desempeño. Todo aquello que esté atado a tus logros personales puede ser una parte importante de tu estrategia de negociación final. Si puedes probar que has alcanzado tus metas, has generado ganancias o has tenido éxito en tus llamadas de ventas, podrás construir un caso sólido y mostrarlo como una fortaleza cuando armes tu estrategia para negociar.

Si das en el blanco todos los meses, sabes que eres buena en tu trabajo y cumples con las expectativas puestas en ti, serás clasificada por encima de la media e incluso significativamente por encima de la categoría del percentil 50 y podrás negociar tu valor basándote en esto.

En este punto, una vez que hayas hecho tu investigación interna, siempre recomiendo que acudas a un profesional para que use la información que has reunido y lleve a cabo la investigación en el mercado externo. Esto puede ser confuso y francamente abrumador. La información no siempre es precisa y muchos tienden a mirar los grandes números en vez de los verdaderos.

Aquí es donde yo puedo ayudarte. En *Salary Coaching LLC* usamos información actualizada del mercado. Compramos las mismas encuestas salariales que utilizan las compañías para evaluar tu salario. Utilizamos la misma información de mercado. Sería prohibitivamente caro para ti comprar esta información como individuo, pero como nosotros ayudamos a tantas mujeres, podemos permitirnos invertir miles de dólares al año para obtener información vigente y actualizada. Esto garantiza que te brindemos una representación de tu valor precisa y actualizada, basada en el mercado.

Todos los sitios que se listan a continuación, si bien menos precisos y actualizados, te pedirán el nombre del puesto y una ubicación geográfica. No todos están disponibles aún en América Latina, pero si buscas "encuesta salarial en (inserta el nombre de tu país aquí)" por internet, podrás acceder todas las fuentes gratuitas en tu país. Estas fuentes te darán como resultado un amplio margen de lo que vales dentro de tu sector y en tu zona. Dado al margen de error que se genera al tener un margen amplio, te sugiero que consultes no menos de tres fuentes y compares la información.

Estos son algunos de los recursos disponibles para América Latina en general (pero te sugiero que busques más para tu país especifico):

Opción uno: www.cepal.org

Opción dos: www.misalario.com

Opción tres: www.payscale.com (no en toda América Latina)

Opción cuatro: http://www.iadb.org/es/bases-de-datos/sims/inicio,20137.html (no es una encuesta de sueldos, pero da información de mercado)

Opción cinco: www.randstad.com (sugiero que busques randstad+encuesta salarial+nombre de tu país para ver si tienen información disponible)

Dado que cada país es diferente, tendrás que buscar las fuentes de información disponible. Vale recalcar que esta información no es la misma que utilizamos en *Salary Coaching*, ni que probablemente utilicen las compañías, pero es tu mejor opción en cuanto a recursos gratuitos. Utilizar la información que te dan estos sitios web te dará una idea para estimar tu valor.

Analiza objetivamente tu currículo, la descripción de tu puesto y la información que encontraste, y ubícate dentro del rango de cada fuente (entre el percentil 10 y el 100). Aunque esto no refleje el mercado con total precisión, al menos obtendrás una perspectiva más amplia de los números con los que te manejas. Observa el panorama completo y justifica factores tales como la industria, la geografía, el tamaño de la empresa, tus antecedentes, tus años de experiencia, tu experiencia relevante, tus habilidades, tu educación, etcétera. Si tuvieras que juzgarte objetivamente, ¿en qué percentil te ubicarías?

Haz esto con cada punto de información que obtengas y luego obtén un promedio de entre todos los números. Esto te dará una idea amplia de tu valor de mercado y además podrás observar lo que cobras en relación a otras personas. ¿Puedes utilizar algo de esta información en tu estrategia de negociación? Recuerda, si te sientes abrumada de información (o simplemente quieres que nosotros lo hagamos por ti) hay un equipo de profesionales listos para ayudarte en www.salarycoaching.com.

Armar el rompecabezas

Llevar a cabo cada uno de los pasos descritos arriba, junto con la investigación que he descrito en los capítulos anteriores, te habrá dado una idea bastante buena de lo que vales y de cómo armar una estrategia. Además, tendrás una mejor idea de cómo negociar para obtener lo que mereces.

No puedo hacer suficiente hincapié en lo importante que es que conozcas tu valor. Después de todo, no tiene sentido sentarse a negociar sin saber con exactitud qué vas a pedir. Acercarte a tu jefe y pedirle un aumento sin conocer tu valor es una manera segura de negociar por un monto ínfimo o, peor aún, de no obtener nada en absoluto.

¿Tienes 170 años para cerrar la grieta de salario entre géneros? ¿No?

¡Yo tampoco! Entonces pongámonos a trabajar en ello.

Es momento de no usar estadísticas (dejaremos que tu cerebro respire un poco...)

Beneficios no monetarios que puedes incluir en las negociaciones:

• Pide que tu remuneración y tu puesto sean reevaluados el próximo cuatrimestre

• Pide un cambio en tu título

• Pide ayuda para tu formación continua (¿necesitas un Máster o un Certificado para avanzar con tu carrera?)

• Pide que te asignen determinado proyecto o cliente

• Pide trabajar a la par de un mentor de la compañía para poder ganar más experiencia (¡y ventajas futuras!)

• Pide estar expuesto en un área de la compañía que te permita expandir tu experiencia (¿acaso no has querido aprender sobre marketing?)

• Pide un horario laboral flexible

• Pide más vacaciones

Capítulo 7

Juntémos para una charla de equipo

"Cuando el estudiante está preparado, el maestro aparece". -
Proverbio Budista

*"Si pasamos nuestras vidas tratando de juzgar a un pez por
su habilidad de escalar árboles, el pez pasará su vida creyendo
que es estúpido".* -Albert Einstein

Has llegado al capítulo en el que nos toca hacerte el Coaching: instruirte en los pasos a seguir para que armes tu estrategia.

Hemos visto muchos y buenos ejemplos, te has hecho preguntas importantes, y con suerte, entiendes exactamente por qué es importante que conozcas tu valor. Algo de esto sonará repetitivo, ¡pero ese es el punto! Necesitas hacerte ciertas preguntas continuamente y estar segura de entenderlas antes de seguir avanzando. Está bien que no sepas todas las respuestas, eso es lo maravilloso del desarrollo personal.

El *coaching* u orientación puede ser descrito de varias maneras. Para algunos es una especie de guía para su carrera, de incentivo o de desarrollo de la autoconciencia. **Pero mi estilo de *coaching* es, ante todo, empoderar a las mujeres. Habiendo dicho esto, el empoderamiento por sí mismo no pagará las cuentas.**

En el caso de la negociación salarial, creo que es primordial que el empoderamiento sea fundamentado en datos y números irrefutables. Por mi experiencia profesional sé que, si no tienes una noción acertada acerca de tu valor e importancia, aunque estés increíblemente empoderada cuando vayas a hablar con tu jefe, en el momento en que recibas una respuesta que te haga retroceder un poco, te sentirás completamente desmoralizada.

También creo apasionadamente en el poder que tiene el ser consciente de la situación, en la habilidad de leer lo que sucede a tu alrededor y de poder prestarle atención a tu comportamiento en el trabajo. Si puedes interpretar una situación que se desarrolla frente a ti, estarás preparada, y esto eliminará por completo de la ecuación el elemento "respuestas emocionales" (en vez de "confianza" y "respuestas racionales"). Es una herramienta poderosa.

Necesitas poder respaldar tus acciones. Esto es fundamental porque, en el mundo de los negocios, todo depende de la línea de las conclusiones y balances, no de tus sentimientos. A veces la marea va contigo y a veces no. Mi objetivo es ayudarte a ser resiliente y a percibir las situaciones con una perspectiva más amplia cuando estés inmersa en ellas. Mi orientación te ayudará a descubrir cómo retroceder para analizar tu situación de manera objetiva y de esa forma obtener lo que quieres.

Tiempo de evaluarse

Si vienes a mi oficina o nos encontramos para tomar un café, evaluaré tu situación personal. Quiero que descubras cuál es tu verdadero valor y reconozcas cuáles son tus fortalezas y tus debilidades, objetivamente hablando.

Por lo general, las mujeres nos subestimamos incluso cuando sabemos lo valiosas que somos, porque nos cuesta auto promocionarnos de manera efectiva. Somos nuestras más grandes críticas y sí, la sociedad puede ser, *al menos* parcialmente, responsabilizada por ello. Pero eso no significa que personalmente no tengamos ninguna culpa.

"Nadie puede hacerte sentir inferior sin tu consentimiento".

En nuestra sociedad, un hombre que se auto-elogia y se auto-promueve suele ser percibido, sin ningún cuestionamiento, como alguien asertivo, que confía en sí mismo o alguien con mucha autoestima. Si es extremadamente pomposo, puede que nos caiga mal y pensemos que es un tanto arrogante, pero, al fin y al cabo, es un varón, por lo cual probablemente lo dejaremos pasar y seguiremos con nuestra rutina. Ahora, si vemos que una mujer exhibe las mismas características: el auto-elogio y la auto-promoción, estamos condicionados a reaccionar con menos compasión que ante un hombre. A nivel universal, nuestra sociedad nos ha inculcado estereotipos de comportamiento aceptable y no aceptable. Una mujer asertiva corre más riesgo que un hombre de ser percibida como arrogante, una fanfarrona, autoritaria o malintencionada.

Es por esto que tantas mujeres preferimos no "patearle la jaula al mono" como dicen en Chile. Piénsalo. Si evalúas cómo fue tu día o cualquier otro día, sin dudas encontrarás algún momento en el que optaste por no defender tu causa, por temor a cómo sería percibido. No respondiste al semi-insulto de un colega, no expresaste tu opinión en esa clase o reunión, no molestaste cuando estabas en la cafetería y te dieron un café negro en vez de un cortado. Recogiste los juguetes de tus niños, los platos sucios de tu marido sin reclamar. Probablemente llevas varios ejemplos esta semana, pero si no puedes recordar ejemplo alguno- pon atención hoy a lo largo del día... se sincera con este ejercicio. No hagas nada distinto, solo toma nota. ¿Triste cuántas veces dimitimos por integrarnos bien en sociedad, no?

Una vez que te hayas evaluado y reconozcas esas áreas donde no lograste lo que realmente querías, podremos elaborar tu estrategia y enfocarnos en cómo puedes utilizar tu lenguaje corporal y tus formas de expresión no verbal para ayudar tu causa. Es realmente increíble lo mucho que comunicamos con nuestros gestos, postura, tono de voz, etc. ¡Nuestra mera presencia nos delata! Pero no te asustes, el lenguaje corporal será tratado en un capítulo aparte y te garantizo que reconsiderarás la manera en la que te mueves y te comunicas con tus expresiones no-verbales.

Hablando de *coaching* – una lección histórica

Quiero compartir contigo la historia de algunas de las mujeres Latinas que han contribuido al empoderamiento femenino a lo largo de la historia y que, aún hoy, continúan siendo una inspiración. Gracias a pioneras como ellas, en América Latina ya llevamos varias presidentas mujeres, mientras que, en la supuesta capital democrática del mundo, los Estados Unidos, esto todavía es un sueño. Aquí solo unas pocas mujeres que hicieron historia:

6. Eva Perón: La Primera Dama de Argentina, tuvo un rol fundamental en la aprobación del voto femenino en 1947.

7. Gabriela Mistral: De origen chileno, Gabriela era una fiel defensora de los derechos del niño y de la mujer. Fue la

Primera latinoamericana en recibir un premio nobel en literatura en 1945.

8. Karla Wheelock: Proveniente de México, Karla es la primera mujer latinoamericana en escalar las siete cumbres más altas del mundo. También fue la primera mujer latinoamericana en subir el Everest por la cara norte- hazaña lograda por muy pocos alpinistas.

9. Sofía Vergara: A pesar de que en Hollywood sólo una fracción de los papeles en las grandes producciones son personajes latinos, esta colombiana ha sido la mujer mejor pagada por 5 años consecutivos (2016).

10. Sandra Cauffman: Esta costarricense vivió una infancia de extrema pobreza y escapó de su hogar a una temprana edad para dejar atrás maltrato y violencia doméstica. Hoy es la Subdirectora del proyecto explorador al planeta Marte en NASA (Administración Nacional de Aeronáutica y del Espacio).

11. Marcelina Bautista: Sin hablar español y proveniente de una comunidad indígena mixteca en Nochtitlán (México), Marcelina ha dedicado su vida a hacer visible las condiciones de trabajo de millones de empleadas domésticas que no cuentan con contrato, horario ni seguro social. Nunca imaginó que terminaría contribuyendo a la elaboración de la norma internacional sobre el trabajo del hogar.

Sigamos la introspección.

A estas alturas, tu situación personal y la dirección que quieres que siga tu carrera deberían estar un poco más claras. Si no lo están, no te estreses. Sigue pensando, sigue leyendo y tómate todo el tiempo que necesites.

Generalmente, cuando las mujeres recurren a *Salary Coaching for Women* en busca de ayuda, por lo general se encuentran en una de estas tres situaciones:

1. Están por negociar su salario. Podría tratarse del salario inicial para un nuevo puesto o la renegociación de su salario como parte de un ascenso o, en general, comparado con el de otra empresa.

2. Pueden estar tratando de ascender dentro de su compañía -porque se sienten estancadas- y necesitan descubrir cómo lograr ser ascendidas.

3. Están buscando un cambio y revaluando lo que hacen. Esta situación es muy diferente a la negociación de un nuevo salario o al deseo de progresar dentro de la empresa en la que trabajan, porque generalmente terminan por encontrar trabajo en otro lugar, o abren su propio emprendimiento.

¿En qué escenario te encuentras? Ten esto presente y continúa leyendo.

Toma lápiz y papel, sírvete una taza de café y prepárate para responder las siguientes preguntas.

Tal vez quieras volver a evaluar las respuestas que diste en el Capítulo Cuatro y considerar los Capítulos Cuatro y Cinco como una base para armar tu estrategia. También es un gran momento para repasar los capítulos previos y recordar cómo ha sido el viaje hasta aquí.

1. Evalúa tus circunstancias actuales con precisión.

• ¿Encajas en uno de los tres escenarios descritos anteriormente?

• ¿Te reconoces en alguno de los ejemplos del Capítulo Tres?

• ¿Puedes identificar cómo te perciben en tu entorno laboral?

• ¿Qué quieres conseguir y qué necesitas para conseguirlo? (¿en términos monetarios? ¿Experiencia?)

2. Investiga y establece tu valor.

• Revisa el Capítulo Cinco y asegúrate de que los conceptos expuestos estén frescos en tu memoria.

• Concéntrate en las investigaciones y dedica tiempo a hacer la tuya.

• Dedica diez minutos de tu día a llamar a las compañías de tu nicho y hacer preguntas. Habla con los gerentes de contratación incluso antes de postularte. Construye una relación anticipada y preventiva.

3. Evalúa tu entorno.

• ¿Cómo es la situación financiera de la compañía?

• ¿Cuál sería el momento ideal para iniciar una conversación?

• ¿Tienes buena relación con tu jefe?

• ¿Tienes ventajas?

• ¿Cuáles son tus alternativas?

• Contestar estas preguntas podría llevarte más tiempo del que piensas, por eso tómate todo el que necesites. Después de todo, se trata de tu carrera y de tu valor. Aquello por lo que estás luchando y es muy importante que sepas hacia dónde quieres ir.

Momento de estadísticas

Las mujeres subestiman sus habilidades y sobre estiman los riesgos.

Todas nos enfrentamos con nuestras propias voces de duda y autocrítica, pero también enfrentamos las del mundo exterior. Las redes sociales, la televisión, el lugar de trabajo e incluso las puertas de la escuela pueden, y sin duda lo harán, imprimir sus dudas y juicios en nosotras.

Aquí hay dos estadísticas que se repiten en relación a la inseguridad (Encuesta de Weight Watchers 2015):

• La mujer promedio se criticará a sí misma entre 8 y 10 veces por día.

• En un solo día, el 97% de las mujeres serán crueles respecto de su cuerpo, su ropa o su pelo.

Como mujeres, conocemos estas voces dañinas, por lo que no insistiré con otras cifras (más) que contribuyan a cargar todavía más nuestros pensamientos. Sé fuerte, confía en ti y quiérete a ti misma. Sólo tú puedes ser responsable de tus pensamientos.

Capítulo 8

Dílo todo... sin decir una palabra

¿Qué tiene que ver el lenguaje corporal con conocer y obtener tu valor? ¡Buena pregunta!

Te contaré un pequeño secreto... el lenguaje corporal es algo increíblemente subestimado en las entrevistas y las situaciones de negociación, especialmente por las mujeres. Si tu lenguaje no-verbal contradice tus palabras, te garantizo que será percibido. Tus gestos, tono de voz, parada, vestimenta, postura y disposición (por tan sólo mencionar algunos) tienen tanto impacto (y a veces aún más) que lo que estás diciendo. Por eso compartiremos contigo algunos gestos sutiles y de lenguaje no-verbal que puedes usar como parte de tu estrategia. Te advierto que tendrás tareas que hacer en este capítulo.

Escucha a tu cuerpo

A diario, no nos damos cuenta de que nuestros cuerpos siempre están hablando y revelando nuestras experiencias internas, pensamientos y sentimientos. Parecido a lo que sucede con el habla, nuestro cuerpo está constantemente proyectando información, ya sea a través de expresiones faciales, movimientos del cuerpo, en la forma como nos acomodamos el pelo o como nos vestimos y caminamos.

La diferencia entre el lenguaje oral y el lenguaje corporal es que la mayoría de la población no puede controlar el lenguaje corporal tan bien como el lenguaje oral, y por eso nuestro cuerpo puede revelar nuestros verdaderos sentimientos, intenciones y pensamientos aun cuando no queremos mostrarlos. Esta comunicación no verbal se da todo el tiempo, pero la mayoría de las personas no se da cuenta de que puede utilizarla para entender a los demás y tener influencia sobre lo que los demás perciben de ellas.

Indagar a nivel científico en este tema va más allá del alcance de este libro, pero te daremos algunas ideas básicas para sacarle provecho a la comunicación no verbal. El sistema límbico[1] es el mecanismo humano a través del cual nuestro cuerpo reacciona ante nuestras emociones físicas. Estas reacciones son instantáneas y difíciles de controlar. Estas señales revelan al mundo exterior una representación precisa de nuestras emociones. Por ejemplo, si eres como yo y no muy fanática de las arañas, cuando alguien se acerca mucho con una tarántula, tus hombros se encogerán y tus brazos y manos tomarán postura de defensa. Tu cara probablemente delatará tu aterramiento ante esta situación.

De la cabeza a los pies, siempre hay algo para decodificar. Si tienes la capacidad de saber cómo interpretar este lenguaje puedes percibir el estado emocional de los demás y lo que están pensando. Darte el tiempo para interpretar la comunicación no verbal de otros es una herramienta fundamental para lograr lo que quieres.

---

[1] *Sistema Límbico: un complejo sistema de nervios y redes cerebrales que involucra varias áreas cerca del límite de la corteza, que regula el instinto y el estado de ánimo. Controla las emociones básicas (miedo, placer, enojo) y los deseos (hambre, sexo, dominación, cuidado de la descendencia).*

En el mundo de las negociaciones, el lenguaje no verbal es mi herramienta favorita. Si aprendes cómo te comunicas puedes beneficiarte con el manejo de tu propio lenguaje corporal para influir en la percepción de otros. Sin siquiera saberlo, también tendrás la habilidad de interpretar el lenguaje corporal de los que te rodean. Por ejemplo, sabrás cuando alguien se siente estresado por un simple gesto: tal vez por la forma con la cual juegue con su cabello o qué tan tenso tenga apretados sus labios. Mira a tu alrededor y ten en cuenta cómo se mueve la gente; es algo interesante y fácil de hacer.

Usa el lenguaje corporal a tu favor

En el mundo de las entrevistas, el lenguaje corporal juega un papel muy importante porque te permite analizar si has desarrollado o no empatía con el entrevistador. ¿Se inclina hacia ti mientras hablan? ¿Tiene los brazos abiertos y relajados? Se trata de señales apenas perceptibles, pero de mucha ayuda porque sugieren que la entrevista marcha bien. Si quieres aprender más, te recomiendo que leas "El Cuerpo Habla" del ex agente del FBI, Joe Navarro.

Ten en cuenta estos consejos a seguir y ponlos en práctica en tu vida cotidiana para que cuando llegue el día en que necesites leer estas señales sutiles en tu negociación, puedas evaluar la situación sin tener que concentrarte demasiado en leer a las personas. Enfócate en la entrevista y deja que tu subconsciente lea al entrevistador y haga todas las evaluaciones por ti. En el arte de la lectura del lenguaje corporal, ¡la práctica hace a la perfección!

Comportamiento "normal"

Demuestra que tienes consciencia de la situación y de lo que llamamos una base o línea de referencia "normal". En el supuesto de una entrevista, podrás evaluar el comportamiento de alguien con sólo mirar las diferentes maneras en las que se mueve. Empieza estableciendo lo normal haciéndote las siguientes preguntas:

• ¿Cambia con frecuencia su ritmo de respiración?

• Si se exaspera o entusiasma, ¿cambia su voz o la velocidad a la que habla?

• En una conversación normal, ¿habla usando sus manos?

• ¿Tiene el hábito de tocarse el cabello en conversaciones generales?

Básicamente, al establecer el comportamiento normal de una persona, podrás analizar su lenguaje corporal a partir de las desviaciones de ese comportamiento normal.

Los pies no saben guardar secretos

Tus pies son una parte de tu cuerpo que evalúa la situación y reacciona totalmente a partir de los sentimientos internos y pensamientos sinceros. Si estás sentada con un grupo de gente y en realidad no quieres participar de la conversación, tus pies te delatarán. Puede ser que estés presente y seas amable, pero tus pies apuntarán en la dirección opuesta, ¡listos para escapar!

De la misma forma, si te gusta alguien o te sientes cómoda con el entorno, tus pies estarán quietos y apuntarán exactamente a la persona con la que quieres hablar. ¡Lo mismo aplica para la persona que te gusta!

Presta atención también a tus rodillas. Si alguna vez has estado preparada para abandonar la sala de juntas o salir de una reunión, sin darte cuenta, probablemente hayas juntado tus rodillas y puesto las palmas de tus manos sobre ellas, como diciendo "Ya está, ya terminé".

Hazte lugar. Toma nota de cuánto lugar ocupan las personas con sus piernas. A menudo es una treta que usan los hombres cuando necesitan aparentar un estatus más importante: sentarte con las piernas bien separadas o con un tobillo sobre la rodilla opuesta los hace sentir más grandes, más fuertes, y es una muestra de que quieren ser vistos o tomados en cuenta.

El cruce de las piernas en la mujer. Para la mayoría de nosotras, cruzar las piernas es tan natural como cepillarse el cabello por las mañanas y es una manera segura de mostrar que nos sentimos cómodas en una situación. Durante la próxima conversación o entrevista, toma nota de la manera en que cruzas tus piernas. Cruzarlas en dirección a la otra persona generalmente significa que la encuentras interesante y que te sientes atraída por ella, pero cruzarlas en la dirección contraria a tu interlocutor puede significar que quieres irte o que has perdido el interés.

Los brazos, ¡tú guardia personal!

Probablemente podría escribir un capítulo entero sólo sobre los brazos. Tus brazos son uno de los mayores delatores de cómo tú y otros se sienten en una situación. Son tus protectores, están ahí para recordarte cómo te sientes y también para advertirles a los demás sobre tus verdaderos sentimientos. Tus brazos son tus guardaespaldas, esperando para defenderte (o delatarte). Por ejemplo, si alguien te arroja algo, tus brazos serán los primeros en reaccionar y tratarán de protegerte. Si alguien te pilla en una mentira, tus brazos se congelarán en su puesto. Es el instinto humano en su mejor expresión.

Cruzar los brazos: una revelación involuntaria fatal porque demuestra que estás incómoda en la situación. Este gesto tiene un efecto nocivo sobre los negocios y especialmente en una situación de entrevista o reunión. ¿Alguna vez has estado en una reunión que no terminaba nunca y de repente te desconectaste, te echaste hacia atrás y te cruzaste de brazos? Es la manera que tiene tu cerebro de decirte (y a todos los demás) que ya terminaste, que estás aburrida y lista para irte.

Un gerente muy entrenado, sin embargo, puede negarse a cruzar los brazos y se negará deliberadamente a hacerlo. Eso es, a menudo, para demostrar que no es débil o que no está nervioso y que permanecer por encima -como superior- del equipo o de la reunión de trabajo.

Se han llevado a cabo numerosos estudios; comprobando que las personas que se sientan en una reunión o en una conferencia con los brazos cruzados aprenderán o retendrán un 40% menos de información que sus compañeros que permanecen con sus brazos abiertos. Además, mientras una persona mantenga sus brazos cruzados, lo que persistirá será una actitud negativa.

Tarea: aprende a leerte a ti misma y practica algunos gestos. En tu próxima reunión de trabajo o encuentro social, siéntate con los brazos cruzados, aunque sea durante veinte minutos y observa cómo te sientes una vez pasado ese tiempo. Toma nota también de cómo te tratan los demás.

"Si quieres conocer la verdad, no escuches las palabras que vienen a ti. Mejor observa el lenguaje corporal de quien habla. El cuerpo cuenta las cosas que no se pueden escuchar". -
Bharesh Chhatbar

Las manos entrelazadas al frente: una postura a menudo tomada por los hombres cuando se sienten vulnerables, famosa y tristemente usada por los hombres de poder y, por lo general, antes de dar un discurso. Si las manos están cruzadas y descansan cuidadosamente sobre el área genital están diciendo: "Tal vez me humille a mí mismo al hablar, pero las joyas de mi corona permanecerán bien protegidas".

Tarea: dedica un día a observar cuántas personas hacen ese gesto con las manos. Es una gran práctica para leer el lenguaje corporal.

La inseguridad se ahoga en la taza de café: intenta conquistar el mundo, pero antes, ¡tómate un café! Una de las formas más sutiles y comunes de protegernos a nosotros mismos es usar nuestra taza de café. Esta puede ser una buena herramienta para saber qué tan cómoda se siente una persona durante una reunión o entrevista. Muchos líderes de negocios te ofrecerán un café durante una negociación, porque saben que la manera en la que el cliente o proveedor sostiene su taza a menudo delata cómo siente que avanza la negociación.

Por ejemplo, si la persona está contenta y abierta por la forma en que se está llevando a cabo la negociación, sostendrá la taza de café a un lado del cuerpo. Si no se encuentra cómoda, por lo general, sostendrá la taza de café y moverá el brazo frente al torso hacia el lado opuesto. Esta técnica usada en los negocios es soplona y simple, pero muy efectiva.

Tarea: en tu próxima negociación o discusión (ya sea en casa o en el trabajo), dale una oportunidad a la prueba de la taza de café y observa cómo reacciona la otra persona.

Tocar o no tocar: algunas de nosotras no nos sentimos completamente cómodas con el contacto físico. En Europa, es una expresión de saludo, felicidad y aceptación, y hacer contacto físico con el otro se utiliza como una forma de comunicación. El poder del contacto es a menudo ignorado y, cuando se utiliza de una manera sutil y profesional, puede ser muy efectivo, ya sea apoyando sutilmente la mano en el hombro, palmeando la espalda o con un doble apretón de manos.

Tarea: la próxima vez que te presenten a alguien, dale la mano al tiempo que tocas suavemente su codo. ¡Observa su reacción y cómo se desarrolla el resto de la conversación!

> *"La parte más importante de la comunicación es escuchar lo que no se está diciendo".* –
> Otra persona sabia

Sincroniza tu torso

El torso es la parte más grande de nuestro cuerpo y, aunque nuestras manos y pies se llevan todo el protagonismo, el torso también cumple su función en el juego. Las señales del torso, aunque sutiles, son más fáciles de leer porque están limitadas en su acción.

- Torso enfrentándote: expresa interés en ti y en la conversación.

- Ligeramente inclinado hacia un lado: la persona está perdiendo el interés.

- Dando por completo la espalda: estás siendo ignorada y la persona quiere seguir adelante.

- Inclinado hacia ti: una señal perfecta de que la persona está interesada e inmersa en lo que estás diciendo.

- Inclinado hacia un lado: generalmente una señal de que la persona quiere alejarse de ti, aunque todavía no está 100% decidida.

Tarea: pon a prueba tu torso. Prueba algunas de las cosas descritas arriba en las conversaciones que tengas y observa cómo te sientes.

¡Cabezas en alto! De una manera similar, tu cabeza puede expresar cuáles son tus verdaderos sentimientos en una situación determinada. Por ejemplo, ¿has notado alguna vez, cuando estás triste, que naturalmente bajas la cabeza? ¿O cuando le estás demostrando tu respeto a algo o alguien? En una situación laboral, agachar la cabeza puede ser un signo de sumisión. Si la cabeza baja, pero los ojos se mantienen en contacto, puede significar que la persona está enviándote una señal de desafío o de que debes tener cautela.

La Princesa Diana usaba esta expresión de bajar la cabeza y mirar directamente con los ojos un poco elevados. Esta era su técnica para enfrentarse ante los medios que nunca dejaban de perseguirla. De esta manera decía: "estoy siendo sumisa, pero tengo los ojos puestos en ustedes, ¡tengan cuidado!" Es una expresión por la cual todavía se la recuerda.

Alzar levemente la cabeza puede significar "estoy aburrida" o "¿qué quieres decir?" Si puedes notarlo y leer la expresión facial al mismo tiempo, generalmente obtienes un buen indicador de lo que alguien está diciendo. En el lugar de trabajo, descubrirás que a menudo las personas dirigen su cabeza hacia la persona de poder o hacia la persona más respetada de la sala. Es algo natural el señalar a las personas o las cosas que nos interesan.

Tocarse el mentón o la nariz a menudo pueden significar que esa persona está concentrada y pensando seriamente en lo que dices. Si percibes este gesto durante una negociación, ¡todo va muy bien!

Por último, pero no menos importante – Enfréntate a la realidad

Existen tantas expresiones faciales que podría pasarme los próximos tres capítulos explicándolas, pero concentrémonos en las expresiones más conocidas para leer a las personas y expresar confianza en una situación profesional.

• Expresar interés: mantén la mirada fija arqueando levemente las cejas y con los labios ligeramente apretados.

• Aparenta calma: relaja los músculos faciales y mantén la mirada fija, puedes sonreír gentilmente.

• Sé honesta: sonríe levemente con las cejas un poco arqueadas.

¿Notas cómo las expresiones descritas arriba son muy similares? Pasar por una entrevista puede ser una situación abrumadora, pero si logras aparentar interés, calma y honestidad, todo acompañado de algunas expresiones faciales, ¡estarás muy bien encaminada!

Por dónde seguir

Este capítulo tiene mucho para asimilar (y deberías volver a él cada vez que lo necesites). Dale una oportunidad a tus tareas porque son una muy buena práctica para interpretar el lenguaje corporal, ¡incluso podrías descubrir que tienes un don para ello! Nuestros cuerpos están para ayudarnos y protegernos. Si consigues aprender a leerte y leer a los demás, estarás diez pasos adelante del resto.

Momento de estadísticas

El reconocido psicólogo Albert Mehrabian de UCLA lideró un estudio que concluyó que, en todos los aspectos de nuestra vida cotidiana, nos comunicamos usando:

• 55% el lenguaje corporal

• 38% el tono de voz

• 7% las palabras

• Necesitas mantener el contacto visual el 60% del tiempo para que demostrar que estás interesada. Menos que eso demuestra falta de interés y más que eso es interpretado como agresividad.

• En una conversación, el que habla suele mantener contacto visual un 40% del tiempo mientras que el que escucha suele mantener contacto visual un 75% del tiempo.

• Cuando un hombre le sostiene la mirada a otro, se lo considera poderoso. Cuando una mujer le sostiene la mirada a un hombre, en general, es percibido como coqueteo.

Capítulo 9

¡Negociación cerrada!

Cuando hablamos de negociar, hablamos de poder leer a la otra persona y descifrar qué es lo que verdaderamente quiere, además de usar esa información para obtener lo que ambas partes desean. Sin embargo, si profundizamos un poco más, se trata de aprender a manipular la situación para conseguir lo que quieres sin parecer agresiva. Los negociadores más exitosos tienen la habilidad de hacerte sentir bien contigo mismo y con la negociación. Aunque, y lo que es más importante, ¡te hacen esperar hasta la próxima negociación!

Si has seguido todos los capítulos y has hecho los deberes presentados a lo largo del libro, deberías encontrarte en una buena posición para comenzar a negociar tu valor. Hemos seguido el siguiente patrón básico:

Saber qué es lo que quieres.

Entender qué es lo que ellos quieren.

Estar informada sobre la situación que te rodea.

La comunicación es importante, tanto la verbal como la no verbal.

Conociendo a Amy: segura versus agresiva

Las situaciones no siempre tienen un final de cuento de hadas. A veces terminas besando un sapo y no obtienes nada a cambio, excepto un sapo. Amy vino a verme luego de escucharme hablar en una conferencia abierta en una de las escuelas de negocios más reconocidas del mundo. Buscaba definir su valor dentro de su sector en el mercado. Hicimos una investigación y analizamos los datos actuales del mercado. Le di la información y ella, sin darse tiempo para armar una estrategia, se abalanzó dentro de la oficina de su jefe y le reclamó un aumento.

Obtuvo un "aumento por lástima", de $200 al mes. Algo bueno, pero no grandioso. Si Amy hubiese armado su estrategia y evaluado su situación siguiendo los pasos que marcamos hasta ahora, podría haber obtenido fácilmente $700 al mes. No sólo irritó a su jefe, sino que dio la impresión de ser una persona agresiva y cerró así cualquier posibilidad futura de negociar su valor dentro de la compañía.

Conociendo a Karen: inseguridad versus confianza en sí misma

Karen es ingeniera molecular del MIT y es disléxica. Había estado trabajando en un intenso proyecto tecnológico financiado por el gobierno. Digamos que ¡hasta Tom Cruise en *Misión imposible* habría estado impresionado!

Debido a su dislexia, nunca había pensado que podría ascender demasiado en su carrera. La inseguridad la acompañaba en sus pensamientos, en sus acciones y en toda su persona. Eso también afectaba cómo la percibían los demás y ella lo sabía.

Siendo joven, Karen perseveró en sus estudios y su carrera, llegó al MIT y más allá. Era inteligente, exitosa y un activo increíble para cualquier compañía. Poco tiempo después, estaba sentada a la mesa de negociación con agencias gubernamentales ultra secretas. Sí, ¡así de buena era! Fue en esa mesa en que los oficiales le ofrecieron "a él" un salario y un rol en el equipo gerencial, que ella se dio cuenta que no pensaban realmente que esta "mujer" fuera parte de la inventiva. Pensaban que Karen era simplemente la representante del científico del proyecto… ¡cuando en realidad era ella la científica y estaba ahí, en persona!

A pesar de que Karen intentó explicarles, y de que los agentes ultra secretos se avergonzaron por el error, el arreglo que le ofrecieron no estaba ni cerca de lo que le habían ofrecido a "él". Así que Karen se fue de la negociación altamente desmoralizada porque no pudo hacer una contra oferta.

Este fue un caso complicado porque tuvimos que trabajar en volver a la mesa de negociación cuando todos pensaban que la misma ya había terminado. Trabajamos en lo que Karen quería realmente obtener de esa negociación, pero también tuvimos que enfocarnos en cómo se comportaba, cómo se vestía, y en trabajar su marca personal. Aunque soy una gran defensora de ser fieles a nosotros mismos, a veces es necesario manipular la manera en la que los otros nos perciben para poder obtener lo que queremos. Como dije antes: si no tú no crees en tu historia, ¿por qué habrían de creerla los demás?

Conociendo a Melissa: verbal versus no Verbal

Todos sabemos, y hemos hablado de eso anteriormente, que el comportamiento no verbal juega un papel importante en cómo nos perciben los demás. Cuando se trata de negociar, parecer confiada, calmada y segura te dará un buen comienzo.

Melissa estaba dispuesta a negociar un aumento en su inminente evaluación anual, y luego de hacer la investigación y definir su valor, trabajamos en su estrategia para abordar a su jefe. Ella sabía que a sus colegas les pagaban más, pero no tenía el coraje suficiente como para acercarse a sus pares.

Para Melissa, todo giraba en torno a su lenguaje corporal. De niña había vivido con padres perfeccionistas que constantemente le recordaban que podía ser mejor y eso se filtró en su vida de adulta. "Suficiente" nunca era "lo suficientemente bueno". Tenía una postura encorvada, le costaba mirar a las personas a los ojos y se movía mucho cuando estaba nerviosa. En una situación de negociación, estos simples movimientos te pueden jugar en contra, es tan simple como eso.

Después de trabajar algunas semanas juntas, un alza en su confianza y el convencimiento de que ella no pedía más lo que realmente valía, Melissa se dio cuenta de que podía mantenerse calmada, con confianza y segura de sí misma. Sólo necesitaba creer en sí misma antes de intentar convencer a los demás. El cambio fue inspirador y se notaba sin que ella dijera una sola palabra.

¿Qué hizo el día de la negociación? Melissa me contó con una gran alegría. Para ella, ese aumento en su confianza ¡fue una ganancia tan importante como negociar su aumento salarial! Melissa entró a la sala y sonrió, hizo contacto visual de manera suave y cálida y lentamente se sumergió en la situación de manera segura pero no agresiva. Se sentó tranquila y expuso ordenadamente a su jefe todos los puntos que quería. Melissa estaba encendida, atenta a todo Estuvo presente en todo momento y consciente de lo que estaba diciendo; y su lenguaje corporal también lo demostraba: la cabeza en alto y firme, los brazos ligeramente apoyados sobre la mesa.

Conociendo el entorno en el que negociaría, planeamos que Melissa imitara cuidadosamente los gestos y el lenguaje corporal de las otras personas. Si ellos asentían, ella también asentiría discretamente. Si se acomodaban el cabello, ella haría lo mismo.

Si imitas las acciones de la otra persona, aumenta el instinto del otro de querer relacionarse contigo y su gusto por ti. Aviso: ¡esto tiene que ser llevado a cabo con mucho cuidado y no de una manera obvia y extraña!

Esa situación también le dio a Melissa algo en qué enfocarse aparte de sus propios nervios. Melissa no se mostró inquieta, no jugueteó, ni se mordió el labio; la distracción de la mímica funcionó y se sintió tranquila y relajada. Todo esto, unido al conocimiento e investigación sobre su propio valor, le permitió a Melissa marcharse con un aumento de $12 mil por año, con la opción de revisar su salario nuevamente dentro de doce meses.

Consejos orientativos – ¡Hora de hacer los deberes!

Esto será algo divertido (y una buena excusa para mí para introducir la palabra "negociación" una vez más). ¿Qué tan bien puedes negociar? ¡Tilda a medida que vayas completando!

La próxima vez que salgas con tus amigos, pídele algo a un completo extraño. Puede ser cualquier cosa.

Espera que estos ejercicios te hagan retroceder. Aunque, siendo la experta negociadora que eres, debes usar tu investigación de fondo y tus señales verbales y no verbales para hacer que las cosas se hagan a tu manera.

Ponte en contacto con los representantes de tu tarjeta de crédito y pídeles una mejor tasa de interés. Diles que, si no obtienes una mejor tasa, podrías irte con uno de sus competidores. ¿Cuánta influencia tienes?

Ofrécete para preparar o conseguirle un café a un colega con quien nunca has hablado antes.

Lleva a almorzar a un amigo a quien por lo general le pagas la comida y pídele dividir los gastos.

Si recibes amigos o familiares para la cena, sugiere hacer un bufet pare el que cada uno aporte algo para compartir en vez de ser tú la que cocines todo.

Pregúntale a tu vecino si puedes tomar algo prestado, quizás algo que necesites para el jardín, o pídele directamente leche o azúcar.

Dedica cinco minutos cada día a pensar en una situación que no salió como querías. ¿Qué podrías haber hecho o cómo podrías haber reaccionado mejor? Piensa en la comunicación verbal y en la no verbal.

Haz un poco de introspección. De manera activa, intenta cambiar ese comportamiento que sabes que no tiene un impacto muy positivo en la manera en la que te comportas.

Está abierta a las críticas y pídele a alguien su opinión sobre cómo percibe tu lenguaje corporal en una determinada situación. Podría ser en tu casa o en el trabajo.

Negocia algo con un familiar. Tal vez quieras que tu pareja lleve a los niños a su clase de fútbol este fin de semana mientras tú te relajas en una sesión de masajes. ¿Cómo usarías tu lenguaje corporal para comunicarte? ¿Qué interpreta tu pareja?

Momento de estadísticas

La gente asume que, para poder obtener lo que uno quiere, la negociación es a menudo llevada a cabo de una manera agresiva y dominante. Sin embargo, y creo que acabamos de demostrarlo a través de ejemplos de negociaciones exitosas, que esa no es la forma.

Sin embargo, son tantas las mujeres que todavía huyen de las negociaciones... ¡¿Por qué?!

Ya has escuchado esto antes, pero esta vez, lo harás con números. Cuando se trata de nuestro salario, las mujeres a menudo nos vemos obligadas a seguir la línea entre los roles masculinos y femeninos. Si no preguntamos, a menudo consideran que somos "delicadas" y ""débiles", pero si lo hacemos, nos consideran "agresivas" o "desagradables". Condenadas si no preguntamos, malditas si lo hacemos.

- Más del 60% de las mujeres en su lugar de trabajo no sabe cómo negociar.

- El 18% de las mujeres siente que serán consideradas como ambiciosas.

- El 8% de las mujeres tiene miedo de perder su trabajo.

- El 31% de las mujeres dijo sentirse "incómoda" por tener que negociar su salario.

Casi todas estas cifras cuentan la misma historia. Tenemos miedo de negociar. ¡Sé el cambio que quieres ver!

Capítulo 10

Diseña tu estrategia

"Estrategia" es una palabra elegante para describir un plan a largo plazo y ponerlo en práctica". — Ellie Pidot

A estas alturas, probablemente los engranajes de tu cerebro estén girando y tú estés ansiosa para empezar a negociar un aumento, un horario diferente o postularte a un nuevo trabajo para obtener lo que vales. Aquí es donde te ofrecemos un mapa para que puedas bosquejar una estrategia única y personal.

"Toda batalla se gana antes de lucharla". —Sun Tzu

Mi sugerencia es que te tomes al menos treinta días para hacer tu investigación y desarrollar tu estrategia basada en lo que se te explicó en este libro. Si eres nueva en esto de negociar por ti misma o simplemente tienes tiempo suficiente para revisar una vez más este libro, te sugiero que te tomes todo el tiempo que necesites para asegurarte de contemplar que cada paso esté bien plantado en el piso, de manera que tengas una estrategia bien planificada. Cómo en un buen partido de ajedrez, detrás de cada movida, hay una estrategia bien pensada.

Planifica tu camino hacia el éxito

En este punto, sólo necesitarás recordar qué es lo que quieres obtener de la negociación con la cual te enfrentas. Si bien ten conciencia de que lo que planifiques marcará la diferencia entre el éxito y el fracaso, ya tienes TODAS las herramientas que necesitas para una negociación exitosa. ¡Usa todo lo que has aprendido en los capítulos anteriores, lee tus respuestas y ten fe en ti misma!

Estando bien preparada, ahora lo que necesitas es armar tu mapa cronológico para llevar a cabo tu estrategia.

Días 1 – 10 — Perfeccionamiento

• Perfecciona tu currículo con la guía que te di en este libro. Recuerda resaltar tus fortalezas y hacer que tu documento refleje lo que busca el empleador. Ayúdalos a resolver el problema que les ha causado tener esa vacante.

• Una vez que hayas hecho un trabajo exhaustivo con esto, mira la descripción del puesto en cuestión. Júzgate a ti misma de manera imparcial y en relación al puesto. ¿Cómo te perciben? Te tienen que ver como una solución óptima al problema de la vacante y no como simplemente otro currículo.

• Revisa tu carta o email de presentación: ¿estás repitiendo lo que ya has dicho en el currículo? Recuerda que en esta sección tienes que ponerte en la situación del lector y hacerlo pensar "Esta tipa en verdad entiende lo que necesitamos". Anticipa las necesidades del lector y dales una buena razón para que te llamen a entrevistar.

Días 3 – 10 — Descubre y establece tu valor

• Es momento de investigar. Usa la guía en este libro para descubrir cuál es tu valor.

• Hay mucha información disponible en las Oficinas de Censos y también una infinidad de bases de datos de salarios que puedes encontrar online (gratis).

• Contáctate con por menos dos personas (sería ideal que uno de ellos sea hombre) que conozcas y que hagan tú mismo trabajo (o muy similar). Pueden ser colegas de la misma empresa, pero sólo si piensas que eso no compromete tu habilidad para negociar.

• Envía un correo electrónico a otras dos compañías solicitando información. Usa la guía que aparece en el Capítulo 5.

Si prefieres que otra persona haga un estudio de mercado con información más verídica, deja que los expertos que tienen información de estadísticas pagas hagan el trabajo. En www.salary-coaching.com ¡también te ayudaremos con tu estrategia! Deja que nuestros expertos coticen tu valor en relación al mercado.

Días 1 – 30 — Conviértete en un ninja de la comunicación

• Comienza a tomar conciencia de la manera en la que te comunicas con tu cuerpo.

• ¿Qué dice de ti la manera en la que te vistes?

• ¿Qué dice la manera en la que hablas o te mueves acerca de cómo te perciben los demás?

• ¿Qué fortalezas tienes -en términos del uso del lenguaje corporal- para establecer empatía con la gente?

• ¿Qué aspecto de tu comunicación no verbal deberías considerar trabajar para ser la comunicadora no verbal más persuasiva que existe? Trata de darte cuenta si necesitas soltar los hombros, respirar más relajada o no fruncir el ceño...

Tómate unos días para pensar en tu lenguaje no-verbal, trata de dominar tus acciones, ser consciente de ellas y observar cómo las personas reaccionan ante tu lenguaje corporal.

Si te estás preparando para una negociación en tu lugar de trabajo actual, empieza a observar a aquellos individuos con los que tendrás que negociar. Observa a tu jefe y al jefe de tu jefe.

• ¿Tienden a dominar las conversaciones?

• ¿Qué es lo que les llama la atención? ¿Qué cosas los ponen de buen humor?

• ¿Cuál es la mejor manera de usar tus fortalezas para ser persuasiva y generar una buena conexión con ellos?

Sé sigilosa y prudente. Observa. No dejes que nadie en tu oficina sepa que estás trabajando en esto. Trata, en todo momento, de ser plenamente consciente de cómo operan y léelos a través de su lenguaje corporal. Manos, pies, torso y ojos, ¿qué están diciendo?

Si te preparas para una entrevista y no conoces a quienes te entrevistarán, investiga la empresa, entiende su cultura y estima qué es lo que buscan en los candidatos a través de toda la información que puedas obtener.

• ¿Se trata de una organización aburrida? ¿Estricta? ¿Determinada?

• ¿Es relajada con las reglas?

• ¿Cómo es la cultura interna de la organización?

Ten una idea clara de cómo puedes mostrarte durante la entrevista.

¡Sácale provecho a tus dones femeninos para negociar!

¡La visualización es una gran herramienta! Usa las herramientas que te dimos a lo largo del libro, visualiza los diferentes escenarios y resultados basándote en qué tan bien usas y pruebas las tácticas que hemos cubierto.

Piensa en el mejor de los escenarios posibles, en el peor, y en uno intermedio. Puede ser que ninguno de estos escenarios que imaginas se desarrolle tal como lo imaginaste, pero al menos habrás escogido un plan de respaldo y no te sorprenderán con la guardia baja.

Aquí va un ejemplo del peor caso: Seguiste este libro al pie de la letra y a pesar de todo lo que has hecho, no estás llegando a nada con tu jefe. Dice que no hay presupuesto y que por lo demás, no estás lista. ¿Qué hacer? Tu primera reacción probablemente será visceral y emocional, pero no te dejes llevar por esa rabia. Utiliza tu destreza racional y retoma las riendas de la situación. Re-establece lazos confianza y recuérdale a tu jefe que te gusta tu trabajo y que te ves a largo plazo en la empresa y luego pídele ayuda: "Necesito tu ayuda para poder llegar a este salario- ¿podríamos establecer un plan de acción para llegar a esta cifra?" Deja en claro que tu meta es el bien de ambos- tanto tu carrera profesional, como el crecimiento de la compañía.

Recuerda que las negociaciones no tienen que terminar en un NO. Si la situación no está yendo a tu favor, no dejes que el tema se cierre, dales gracias por la ayuda y di que vas a pensar en lo conversado y que "volvamos sobre esta conversación dentro de uno o dos meses". Vuelve a organizar y revisar tu estrategia basada en esta experiencia y regresa doblemente preparada y poderosa en comparación con lo que estabas la primera vez. Conoces tu valor, ¡haz que ellos también lo vean! Visualizar y prepararse mentalmente te permitirá mantener la calma y estar cómoda durante todo el proceso.

Tómate un tiempo para pensar en lo que dice tu lenguaje corporal en cada caso, ¿cambiará dependiendo de qué tan bien se presente el escenario?

• Piensa en cómo generar una conexión positiva sin oponerte al entrevistador y así lograr gustarle.

• ¿Cómo deberían sonar tus palabras para establecer una conexión positiva?

• ¿Cuál y cómo sería el peor escenario posible?

- ¿De qué manera puedes transformar esta negativa en una respuesta positiva a futuro?

- ¿Puedes aceptar el trabajo ahora y generar el escenario para una revisión salarial en un futuro próximo?

- ¿Puedes generar aceptación y trabajar en conjunto con tu jefe para obtener lo que mereces?

Visualiza todos los escenarios en tu cabeza y practica tu rol en voz alta. Ensaya los escenarios CON tu lenguaje corporal. Usa a un familiar o un amigo y practica lo que dirás y cómo planeas reaccionar. Las dramatizaciones son una manera realmente efectiva de sobreponerte a los nervios, y escuchar el sonido de tu propia voz puede hacerte sentir más confiada.

Vístete para impresionar

La moda no es algo que sólo existe para los vestidos. La moda está en el cielo, en la calle, la moda tiene que ver con las ideas, la manera en la que vivimos, con lo que está sucediendo. —
Coco Chanel

Hasta ahora, no hemos hablado de la vestimenta. Quería dejarlo para este capítulo, porque debería ser la última parte de tu preparación.

La ropa es una expresión de tu personalidad. Muchas de nosotras usamos la ropa para esconder o para mostrar nuestros cuerpos y, en las mujeres, la ropa puede generar ansiedad o ¡un gran entusiasmo! Todas somos juzgadas por nuestra apariencia, sea justo o no. Sin embargo, podemos manipular qué usar para ayudarnos en cada situación.

La cultura empresarial tendrá un gran impacto en cómo te vestirás en tu lugar de trabajo. Por ejemplo, puedes trabajar en una compañía que alienta el uso de ropa informal, por lo que vestirse con traje hará que te destaques de una manera equivocada. Usar trajes formales no siempre es la mejor manera de vestirse – las investigaciones muestran que las personas que se visten de una manera diferente o usan colores más brillantes son percibidas como más atractiva y confiada. Esto podría ser un punto extra a favor si estás buscando trabajar en la industria creativa.

Vístete según tu estilo. Busca modelos dentro de tu sector y mira cómo se visten. Observa cómo te sientes cuando te pones un saco entallado o un vestido que te gusta. Lo queramos o no, la primera impresión que generamos es a través de nuestra vestimenta, joyería y presentación. Los estudios demuestran que las personas que se visten de una manera más formal son atendidas rápidamente en los negocios y a menudo se las percibe como más inteligentes y académicas. Las mujeres que se visten de una manera un poco más masculina son percibidas como personas más fuertes y agresivas, y son más propensas a ser contratadas. Aunque no estés de acuerdo con estos estudios, usa la información a tu favor.

Mientras te preparas para la negociación o la entrevista, sé consciente del efecto que puede provocar tu ropa. Tu elección puede hacer que cambie tu mentalidad y la percepción que los otros tienen de ti. ¿Cómo suele vestirse la gente más exitosa en tu industria? Investiga, practica, elige un vestuario que transmita el mensaje correcto, y ¡ve a por ellos!

Una nota sobre las negociaciones de las mujeres de la comunidad LGBT. Este es un tema en el que mi equipo y yo nos encontramos trabajando y me siento obligada a incluir unas palabras sobre esto aquí, porque todos somos parte de la misma sociedad. En *Salary Coaching* hemos llevado a cabo una investigación basada en nuestras clientas sobre las negociaciones salariales de las mujeres de la comunidad LGBT y encontramos que, a menudo, parece haber una discriminación positiva dentro de este grupo. En particular, encontramos que:

• Las probabilidades de un resultado positivo aumentan si tu entrevistador asume que no tienes riesgo de quedar embarazada.

• Si el entrevistador te identifica en un rol más masculino desde el comienzo de las negociaciones, estará más receptivo a la reafirmación personal a lo largo del proceso.

Como puedes ver, la información sobre las negociaciones salariales de las mujeres miembros de la comunidad LGBT es limitada. Si tú o alguna mujer que conozcas tiene información o historias para compartir, por favor contáctanos a través de www.salary-coaching.com ¡Nos encantaría saber de ti!

¿El día es hoy?

"Este es tu mundo. Dale forma o alguien más lo hará por ti"
— Gary Lew

Este libro ha abierto la puerta para que descubras los secretos de negociar tu salario. Pero la única manera en que podrás cambiar tu vida y tu salario a largo plazo es cuando te decidas a actuar y elevar los estándares. Puede ser que hayas leído rápida y fácilmente este libro y ahora estés lista para usarlo como decoración en tu mesa de noche más que para saltar a la acción que te llevará a mejorar tu carrera… Y eso está bien: no todo el mundo está preparado para elevar su propio estándar todavía. Pero cuando ya hayas tenido demasiado, cuando te encuentres entre los precios más bajos, sabrás que estás lista.

Cuando ya no estés dispuesta a venderte por tan poco, cuando ya no estés dispuesta a ser usada por los demás y estés lista para ganar lo que te mereces, decidirás entrar en acción.

Cuando te des cuenta, tal como lo hicieron las mujeres que agrietaron el techo de vidrio antes que nosotras, que tú decides qué legado le dejas a las mujeres y niñas de las generaciones futuras, finalmente decidirás dejar de venderte por poco. Recuerda que te necesitamos del otro lado de las estadísticas actuales.

Cierra tu propia brecha salarial y así podrás ayudar a otras mujeres a cerrar la brecha salarial entre hombres y mujeres.

Sigamos conversando.

Envíame un correo electrónico contándome tu historia a olivia@salarycoaching.com

www.ingramcontent.com/pod-product-compliance
Lightning Source LLC
Chambersburg PA
CBHW022045190326
41520CB00008B/705